ŒUVRES POÉTIQUES

DE

MALHERBE

RÉIMPRIMÉES

SUR LA NOUVELLE ÉDITION PUBLIÉE PAR M. LUD. LALANNE

dans la Collection des Grands Écrivains de la France

PARIS

LIBRAIRIE DE L. HACHETTE ET Cie

BOULEVARD SAINT-GERMAIN, N° 77

1863

ŒUVRES POÉTIQUES

DE

MALHERBE

AVERTISSEMENT.

Nous publions, en tête de cette édition, la *Vie de Malherbe*, par Racan. Cette biographie se lit toujours avec plaisir ; mais quoiqu'elle ait été écrite par l'ami et le disciple du poëte, elle contient plusieurs erreurs, que la critique moderne a rectifiées. Il ne sera donc pas inutile de résumer ici, avec exactitude, les principaux faits de la vie de Malherbe.

Il naquit à Caen, en 1555, et reçut au baptême le nom de François que portait son père. Il prétendait descendre des Malherbe Saint-Aignan ; cependant lors de la recherche de la noblesse faite par ordre de Chamillart en 1666, les Malherbe ne furent point placés dans la classe des anciens nobles, et se virent relégués dans celle des nobles ayant justifié quatre degrés. Il était l'aîné de neuf enfants. Son père, conseiller du roi au siége présidial de Caen, le fit étudier d'abord à l'université de cette ville ; il voyagea ensuite en Allemagne et en Suisse sous la direction du calviniste normand Richard Dinoth, revint dans son pays et en partit de nouveau en 1576, à l'âge de vingt et un ans. Cette seconde absence dura jusqu'en 1586. Quel en fut le motif? Ce ne fut pas, comme le croit Racan, la conversion de son père au protestantisme ; car il est au moins très-probable que Malherbe le père était déjà protestant quand il donna Robert Dinoth pour précepteur à son fils. Il semble plus naturel de supposer un dissentiment entre le père et le fils sur le choix d'une carrière: Malherbe le poëte était fort attaché à sa chimère des Saint-Aignan ; il voulait être d'épée, et refusa de succéder à la charge de juge au présidial. Obligé de chercher fortune, il suivit en Provence le duc d'Angoulême, grand prieur de France, fils naturel de Henri II. Le duc faisait d'assez mauvais vers, et Malherbe lui servait à la fois de secrétaire et d'aide de camp. C'est pendant son premier séjour en Provence qu'il épousa, à vingt-six ans, Madeleine de Coriolis, à peu près de son âge, veuve déjà de deux maris, et qui devait, quarante-sept ans plus tard, survivre encore au troisième.

Malherbe eut de Madeleine Coriolis trois enfants, Henri, qui mourut en bas âge, Jordaine, enlevée par la peste à l'âge de huit ans, et Marc-Antoine, dont les talents et les aventures firent l'orgueil et le désespoir de son père. Le duc d'Angoulême fut tué à

Aix en 1586. Malherbe, qui était en Normandie depuis quelques mois, résolut de ne plus retourner en Provence, et manda sa femme auprès de lui. Il dédia dès lors des vers à Henri III dans le but évident de se faire un nouveau protecteur à la place de celui qu'il avait perdu ; mais ses efforts demeurèrent à peu près stériles. Le roi lui fit donner 500 écus et le laissa vivre pauvrement dans son pays natal. Il y resta jusqu'en 1595, retourna alors en Provence où sa femme l'avait précédé depuis deux ans, revint en 1598 en Normandie, y séjourna jusqu'en décembre de l'année suivante, partageant son temps entre la poésie et les nombreux procès qu'il soutenait contre sa famille. Enfin, il venait de retourner à Aix pour la troisième fois, quand il résolut de se rendre à Paris et d'y tenter la fortune auprès du roi Henri IV. Le Béarnais se montra plus généreux que son prédécesseur Henri III et que Marie de Médicis. Il garda le poëte près de lui, et chargea son grand écuyer, M. de Bellegarde, de l'entretenir.

M. de Bellegarde lui donna mille livres d'appointements, un cheval et un domestique, c'est-à-dire, en un mot, qu'il le fit écuyer du roi. Malherbe devint aussi vers la même époque gentilhomme ordinaire de la chambre, avec deux mille livres de gages. Son père, qui mourut tout à point l'année suivante, lui laissa pour sa part soixante-dix acres de terre, la maison où il demeurait à Caen, et quelques rentes en nature. Tout cela faisait une fortune pour un homme ménager (il se vantait à tort de ne pas l'être). Malgré cette prospérité, il ne cessa de solliciter une pension, et de surveiller ses affaires, moins en poëte qu'en procureur. Il finit par obtenir une pension de cinq cents écus, une charge de trésorier, et une concession de terrains à Toulon. Le poëte était chez lui doublé d'un courtisan; il loua tour à tour Henri III, Henri IV, la régente, le maréchal d'Ancre, le cardinal, Louis XIII, sans compter les héros de moindre volée ; et ce qui le peint tout entier, c'est que, malgré la pompe et l'exagération de ses éloges, la mort ou la disgrâce de ceux qu'il avait chantés le trouvaient tout prêt pour le dénigrement. Il ne paraît pas avoir eu d'affections trop vives. Il avait assez mal vécu avec son père et avec toute sa famille; il quitta sa femme, peut-être par économie, après vingt-quatre ans de mariage, pour s'établir à la cour, et ne la revit plus qu'en 1616 et 1622, dans deux voyages qu'il fit en Provence ; il est juste pourtant de convenir qu'il lui demeura attaché malgré les rivales de hasard qu'il lui donnait. Il eut beaucoup d'amis littéraires, parmi lesquels il faut citer Duvoir et Peiresc: relations d'esprit, plutôt qu'attachements de cœur, car il n'eut peut-être en sa vie de tendresse véritable que pour ses enfants. Il aimait sa belle Jordaine, qui lui fut sitôt enlevée, et son fils Marc-Antoine dont il voulait faire un magistrat, qui fut condamné à mort en 1624 pour avoir tué son adversaire en duel, gracié deux ans après, et enfin tué lui-même (Malherbe dit assassiné) le 13 juillet 1627, dans une rencontre avec Gaspard de Bovet, baron de Bormes, et Paul de Fortia de Piles.

Le chagrin de cette mort, et les peines qu'il se donna pour la venger, remplirent les dernières années de la vie de Malherbe. Il ne cessa de poursuivre les assassins, les fit condamner à mort par défaut, voulut se battre avec eux malgré son âge, porta sa plainte devant tous les tribunaux, et courut jusqu'à la Rochelle, trois mois avant sa mort, pour solliciter contre eux la justice du roi. Il mourut le 16 octobre 1628, à l'âge de soixante-treize ans. Sa femme, qui lui survécut vingt mois, ne parle aussi dans son testament que de cette vengeance. Ces vœux ne furent pas satisfaits, car le parlement de Toulouse condamna Fortia de Piles, *pour assassinat de Marc-Antoine de Malherbe, fils de la dame de Coriolis*, à une amende de huit cents livres.

On trouvera dans la *Vie de Malherbe* par Racan toutes ces anecdotes, insignifiantes en elles-mêmes, que connaissent les contemporains, et qui intéressent encore la postérité quand il s'agit d'un grand poëte. Malherbe mérite ce titre pour quelques vers pleins de force et de majesté. Sa grande gloire est d'avoir créé chez nous la véritable forme de la poésie; ajoutons qu'il a contribué autant que personne à fixer la prose française. On ne connaissait pas auparavant cette délicatesse scrupuleuse dans le choix et la disposition des mots, cette harmonie noble et soutenue qui furent après lui, pendant deux siècles, le caractère propre de notre versification. Nous donnons ici ses *Poésies complètes*, d'après l'édition irréprochable et définitive due à M. Ludovic Lalanne. Nous avons écrit, en tête de chaque morceau, la date de la première publication, parce que ce sont des dates très-importantes pour l'histoire littéraire de la France. Les notes sont empruntées, comme le texte, à l'édition de M. Lalanne; mais nous n'avons conservé que les plus indispensables, et nous nous sommes permis d'en abréger quelques-unes. Nous avons écarté toutes les variantes, à l'exception d'une ou deux, qui ont, même au point de vue historique, une importance capitale.

Au fond, Malherbe est tout entier dans ses poésies. Cependant, elles ne font pas même le quart de la grande édition en quatre volumes in-8, publiée par M. Lalanne. Ses autres œuvres sont des traductions et une assez volumineuse correspondance. Malherbe a traduit en bonne et ferme prose le trente-troisième livre de Tite Live, le *Traité des Bienfaits* et les *Épîtres* de Sénèque. Ces traductions sont, en général, assez exactes, quoique Malherbe ait pris çà et là avec le texte des libertés autorisées de son temps, et qui ne seraient plus de mise aujourd'hui. Dans la correspondance, on remarque surtout les lettres à Peiresc, qui vont de 1606 à 1628. Elles n'ont aucun mérite littéraire; car le style ferme et précis de Malherbe, excellent pour les traductions, est trop grave et trop tendu pour des lettres. Leur importance, qui est considérable, est toute dans les renseignements qu'elles fournissent sur les principaux événements de l'histoire de France pendant cette période d'agitation et de fondation. A ce point de vue, il est permis de dire que les lettres de Malherbe prennent rang parmi les chroniques les plus instructives et les plus fidèles. On peut croire Malherbe sur parole, parce qu'il était sagace et bien informé, sincère aussi quand il ne s'agissait pas de lui-même, et quand l'orgueil ne l'aveuglait pas.

Dans un excellent article de la *Revue européenne* (15 mars 1859), M. de Sainte-Beuve a écrit ce jugement, qui sera celui de l'histoire : « La probité subsiste, même sous les défauts de Malherbe. Son caractère privé, bien qu'étroit, est solide, et suffit à porter, sans jamais fléchir, sa grandeur lyrique. »

Principales éditions de Malherbe :

Les OEuvres de M. François de Malherbe, gentilhomme ordinaire de la chambre du Roy, à Paris, chez Charles Chappelain, MDCXXX, in-4.

Les Poésies de M. de Malherbe, avec les observations de M. Ménage. A Paris, chez Thomas Jolli. MDCLXVI, in-8.

Poésies de Malherbe, rangées par ordre chronologique, avec un discours sur les obligations que la langue et la poésie françoise ont à Malherbe, et quelques remarques historiques et critiques. A Paris, de l'imprimerie de Joseph Barbou, MDCCLVII, in-8. Cette édition est due à Lefebvre de Saint-Marc.

Œuvres choisies de Malherbe, avec des notes de tous les commentateurs, édition publiée par L. Purrelle. Paris, Lefèvre, 1825, 2 vol. in-8.

VIE DE MALHERBE,

PAR RACAN.

Messire François de Malherbe naquit à Caen en Normandie, environ l'an 1555. Il étoit de l'illustre maison de Malherbe Saint-Agnan, qui a porté les armes en Angleterre sous un duc Robert de Normandie[1], et s'étoit rendue plus illustre en Angleterre qu'au lieu de son origine, où elle s'étoit tellement rabaissée que le père dudit sieur de Malherbe n'étoit qu'assesseur à Caen[2]. Il se fit de la religion un peu avant que de mourir[3]. Son fils, dont nous parlons, en reçut un si grand déplaisir, qu'il se résolut de quitter son pays, et s'alla habituer en Provence, à la suite de Monsieur le Grand Prieur, qui en étoit gouverneur. Alors il entra en sa maison à l'âge de dix-sept ans[4], et le servit jusques à ce qu'il fut assassiné par Artiviti[5].

Pendant son séjour en Provence, il s'insinua aux bon-

1. Robert II, fils de Guillaume le Conquérant.
2. En 1566, il était conseiller du Roi au siége présidial de Caen.
3. C'est une erreur. Le père de Malherbe, calviniste dès 1566, ne mourut qu'en 1606.
4. Ceci est encore une erreur. Malherbe ne quitta son père pour s'attacher au duc d'Angoulême qu'en août 1576, c'est-à-dire à vingt et un ans.
5. Altoviti.

nes grâces de la veuve d'un couseiller et fille d'un président, dont je ne sais point les noms[1], qu'il épousa depuis, et en eut plusieurs enfants, qui sont tous morts avant lui. Les plus remarquables, ce sont une fille qui mourut de la peste à l'âge de cinq ou six ans, laquelle il assista jusques à la mort, et un fils qui fut tué malheureusement à l'âge de vingt-sept ans par M. de Piles.

Les actions les plus remarquables de sa vie, et dont je me puis souvenir, sont que pendant la Ligue lui et un nommé la Roque, qui faisoit joliment des vers et qui est mort à la suite de la reine Marguerite, poussèrent M. de Sully deux ou trois lieues si vertement qu'il en a toujours gardé du ressentiment contre le sieur de Malherbe, et c'étoit la cause, à ce qu'il disoit, qu'il n'avoit jamais su avoir de bienfaits du roi Henri IV pendant que le sieur de Sully a été dans les finances.

Je lui ai aussi ouï conter plusieurs fois qu'en un partage de fourrage ou butin qu'il avoit fait, il y eut un capitaine d'infanterie assez fâcheux qui le maltraita d'abord jusques à lui ôter son épée, ce qui fut cause que ce capitaine eut, pour un temps, les rieurs de son côté; mais enfin ayant fait en sorte de ravoir son épée, il obligea ce capitaine insolent d'en venir aux mains avec lui, et d'abord lui donna un coup d'épée au travers du corps qui le mit hors du combat, et fit tourner la chance, et tous ceux qui l'avoient méprisé retournèrent de son côté.

Il m'a encore dit plusieurs fois qu'étant habitué à Aix depuis la mort de Monsieur le Grand Prieur, son maître, il fut commandé de mener deux cents hommes de

---

1. Madeleine de Cariolis. Elle n'était point veuve d'un conseiller, mais d'un lieutenant du sénéchal de Marseille.

pied devant la ville de Martigues, qui étoit infectée de contagion, et que les Espagnols assiégeoient par mer et les Provençaux par terre pour empêcher qu'ils ne communiquassent le mauvais air, et qui la tinrent assiégée par lignes de communication si étroitement, qu'ils réduisirent le dernier vivant à mettre le drapeau noir sur la ville devant que de lever le siége. Voilà ce que je lui ai ouï dire de plus remarquable en sa vie avant notre connoissance.

Son nom et son mérite furent connus de Henri le Grand par le rapport avantageux que lui en fit M. le cardinal du Perron. Un jour le Roi lui demanda s'il ne faisoit plus de vers; il lui dit que depuis qu'il lui avoit fait l'honneur de l'employer en ses affaires, il avoit tout à fait quitté cet exercice, et qu'il ne falloit point que personne s'en mêlât après M. de Malherbe, gentilhomme de Normandie, habitué en Provence; qu'il avoit porté la poésie françoise à un si haut point que personne n'en pouvoit jamais approcher.

Le Roi se ressouvint de ce nom de Malherbe; il en parloit souvent à M. des Yveteaux[1], qui étoit alors précepteur de M. de Vendôme. Ledit sieur des Yveteaux, toutes les fois qu'il lui en parloit, lui offroit de le faire venir de Provence; mais le Roi, qui étoit ménager, craignoit que le faisant venir de si loin, il seroit obligé de lui donner récompense, du moins de la dépense de son voyage; ce qui fut cause que M. de Malherbe n'eut l'honneur de faire la révérence au Roi que trois ou quatre ans après que M. le cardinal du Perron lui en eut parlé;

---

1. Nicolas Vauquelin, sieur des Yveteaux, né vers 1567, mort en 1649.

et par occasion étant venu à Paris pour ses affaires particulières, M. des Yveteaux prit son temps pour donner avis au Roi de sa venue, et aussitôt il l'envoya querir. C'étoit en l'an 1605. Comme il étoit sur son partement pour aller en Limousin, il lui commanda de faire des vers sur son voyage ; ce qu'il fit et les lui présenta à son retour. C'est cette excellente pièce qui commence :

O Dieu, dont les bontés de nos larmes touchées....

Le Roi trouva ces vers si admirables qu'il désira de le retenir à son service, et commanda à M. de Bellegarde de le garder jusques à ce qu'il l'eût mis sur l'état de ses pensionnaires. M. de Bellegarde lui donna sa table, et l'entretint d'un homme et d'un cheval, et mille livres d'appointements.

Ce fut où Racan, qui étoit lors page de la chambre sous M. de Bellegarde, et qui commençoit à rimailler de méchants vers, eut la connoissance de M. de Malherbe, de qui il a appris ce qu'il a témoigné depuis savoir de la poésie françoise, ainsi qu'il l'a dit plus amplement en une lettre qu'il a écrite à M. Conrart.

Cette connoissance et l'amitié qu'il contracta avec M. de Malherbe dura jusques à sa mort, arrivée en 1628, quatre ou cinq jours[1] avant la prise de la Rochelle, comme nous dirons ci-après.

A la mort d'Henri le Grand, arrivée en 1610, la reine Marie de Médicis donna cinq cents écus de pension à M. de Malherbe, ce qui lui donna moyen de n'être plus à charge à M. de Bellegarde. Depuis la mort d'Henri le Grand il a fort peu travaillé[2], et je ne sache que les odes

1. Lisez treize jours.
2. Les pièces composées par Malherbe avant la mort d'Henri IV

qu'il a faites pour la Reine mère, quelques vers de ballet, quelques sonnets au Roi, à Monsieur et à des particuliers, et la dernière pièce qu'il fit avant que de mourir, qui commence :

Donc un nouveau labeur....

Pour parler de sa personne et de ses mœurs, sa constitution étoit si excellente que je me suis laissé dire par ceux qui l'ont connu en sa jeunesse que ses sueurs avoient quelque chose d'agréable comme celles d'Alexandre.

Sa conversation étoit brusque ; il parloit peu, mais il ne disoit mot qu'il ne portât ; en voici quelques-uns :

Pendant la prison de Monsieur le Prince, le lendemain que Madame la Princesse, sa femme, fut accouchée de deux enfants morts[1], pour avoir été incommodée de la fumée qu'il faisoit en sa chambre au bois de Vincennes, il trouva un conseiller de Provence de ses amis en une grande tristesse chez M. le garde des sceaux du Vair ; il lui demanda la cause de son affliction. Le conseiller lui répond que les gens de bien ne pouvoient avoir de joie après le malheur qui venoit d'arriver de la perte de deux princes du sang par les mauvaises couches de Madame la Princesse. M. de Malherbe lui repartit ces propres mots : « Monsieur, Monsieur, cela ne vous doit point affliger ; ne vous souciez que de bien servir, vous ne manquerez jamais de maître. »

---

sont au nombre de cinquante et une, représentant environ deux mille trois cents vers ; les pièces postérieures à cette époque (sans compter celles qui ne sont pas datées) comprennent près de dix-huit cents vers, répartis en cinquante-huit pièces. Le reproche de Racan n'est donc guère fondé.

1. **Au mois de décembre 1618.**

Une autre fois, un de ses neveux l'étoit venu voir au retour du collége, où il avoit été neuf ans. Après lui avoir demandé s'il étoit bien savant, il lui ouvrit son *Ovide*, et convia son neveu de lui en expliquer quelques vers ; à quoi son neveu se trouvant empêché, après l'avoir laissé tâtonner un quart d'heure avant que de pouvoir expliquer un mot de latin, M. de Malherbe ne lui dit rien, sinon : « Mon neveu, croyez-moi, soyez vaillant : vous ne valez rien à autre chose. »

Un jour, dans le Cercle[1], quelque homme prude, en l'abordant, lui fit grand éloge de Mme la marquise de Guercheville[2], qui étoit lors présente comme dame d'honneur de la Reine, et après lui avoir conté toute sa vie et la constance qu'elle avoit eue aux poursuites amoureuses du feu roi Henri le Grand, il conclut son panégyrique par ces mots, en la montrant [à M. de Malherbe : « Voilà ce qu'a fait la vertu. »] M. de Malherbe, sans hésiter, lui montra de la même sorte la connétable de Lesdiguières[3], qui avoit son placer auprès de la Reine, et lui dit : « Voilà ce qu'a fait le vice. »

Un gentilhomme de ses parents faisoit tous les ans des enfants à sa femme, dont M. de Malherbe se plaignoit, en lui disant qu'il craignoit que cela n'apportât de l'incommodité à ses affaires, et qu'il n'eût pas le moyen de les élever selon leur condition ; à quoi le parent lui répondit qu'il ne pouvoit avoir trop d'enfants pourvu qu'ils fussent gens de bien. M. de Malherbe lui dit fort sèche-

---

1. C'est-à-dire au cercle de la Reine.
2. Antoinette de Pons, marquise de Guercheville, morte en 1632.
3. Marie Vignon, fille d'un fourreur de Grenoble, mariée en premières noces à un drapier nommé Mathel, qui fut assassiné en 1614. Trois ans après elle épousa le connétable, avec lequel elle vivait depuis longtemps.

ment qu'il n'étoit point de cet avis, et qu'il aimoit mieux manger un chapon avec un voleur qu'avec trente capucins.

Quand son fils fut assassiné par M. de Piles, il alla exprès au siége de la Rochelle en demander justice au Roi, de qui n'ayant pas eu toute la satisfaction qu'il espéroit, il disoit tout haut dans la cour d'Estrées, qui étoit alors le logis du Roi, qu'il vouloit demander le combat contre M. de Piles. Des capitaines des gardes et autres gens de guerre se sourioient de le voir à cet âge parler d'aller sur le pré, et le sieur de Racan, comme son ami, le voulut tirer à part pour lui donner avis qu'il se faisoit moquer de lui, et qu'il étoit ridicule, à l'âge de soixante-treize ans qu'il avoit, de se battre contre un jeune homme de vingt-cinq ans. Sans attendre qu'il achevât sa remontrance, il lui répliqua brusquement : « C'est pour cela que je le fais : je hasarde un sol contre une pistole. »

Une année que la Chandeleur avoit été un vendredi, ayant gardé quelque reste de gigot du mouton du jeudi, dont il faisoit une grillade le samedi matin, sur les sept à huit heures, et comme après la Chandeleur l'Église ne permet plus de manger de viande le samedi, le sieur de Racan, entrant dans sa chambre à l'heure qu'il faisoit ce repas extraordinaire, lui dit : « Quoi, monsieur, vous mangez de la viande ? Notre Dame n'est plus en couche. » M. de Malherbe se contenta de lui répondre assez brusquement à son ordinaire, que les dames ne se levoient pas si matin.

Sa façon de corriger son valet étoit assez plaisante. Il lui donnoit dix sols par jour, qui étoient honnêtement en ce temps-là, pour sa vie, et vingt écus de gages ; et quand son valet l'avoit fâché, il lui faisoit une remontrance en ces termes : « Mon ami, quand on a offensé son maître, on offense Dieu ; et quand on offense Dieu, il faut, pour avoir l'absolution de son péché, jeûner et donner l'aumône ; c'est pourquoi je retiendrai cinq sols de votre dépense, que je donnerai aux pauvres à votre intention, pour l'expiation de vos péchés. »

Étant allé visiter Mme de Bellegarde au matin, un peu après la mort du maréchal d'Ancre, comme on lui dit qu'elle étoit allée à la messe, il demanda si elle avoit encore quelque chose à demander à Dieu, après qu'il avoit délivré la France du maréchal d'Ancre.

Un jour que M. de Mésiriac[1], avec deux ou trois de ses amis, lui apporta un livre d'arithmétique d'un auteur grec nommé Diophante, que M. de Mésiriac avoit commenté, et ses amis lui louant extraordinairement ce livre, comme un travail fort utile au public, M. de Malherbe leur demanda s'il feroit amender le pain et le vin.

Il fit presque une même réponse à un gentilhomme de la religion qui l'importunoit de controverse, lui demandant pour toute réplique si on boiroit de meilleur vin, et si on vivroit de meilleur blé à la Rochelle qu'à Paris.

Il n'estimoit aucun des anciens poëtes françois, qu'un peu Bertaut[2] ; encore disoit-il que ses stances étoient *nichil au dos*[3], et que pour trouver une pointe à la fin, il faisoit les trois premiers vers insupportables.

1. C. G. Bachet de Méziriac, littérateur et mathématicien, membre de l'Académie française, né en 1581, mort en 1638. Son édition de l'*Arithmétique de Diophante* parut en 1621, in-f°.
2. J. Bertaut, évêque de Séez, né à Caen en 1552, mort en 1611.
3. « *Nichil au dos*, rapporte le *Dictionnaire* de Trévoux, s'est dit, suivant Henri Estienne, des pourpoints dont le devant étoit de velours et le derrière d'une étoffe de vil prix, et a été appliqué

Il avoit été ami de Regnier le satirique, et l'estimoit en son genre à l'égal des Latins; mais la cause de leur divorce arriva de ce qu'étant allés dîner ensemble chez M. Desportes[1], oncle de Regnier, ils trouvèrent que l'on avoit déjà servi les potages. M. Desportes reçut M. de Malherbe avec grande civilité, et offrant de lui donner un exemplaire de ses *Psaumes* qu'il avoit nouvellement faits, il se mit en devoir de monter en sa chambre pour l'aller querir. M. de Malherbe lui dit qu'il les avoit déjà vus, que cela ne valoit pas qu'il prît la peine de remonter, et que son potage valoit mieux que ses *Psaumes*. Il ne laissa pas de dîner avec M. Desportes, sans se dire mot, et aussitôt qu'ils furent sortis de table, ils se séparèrent et ne se sont jamais vus depuis. Cela donna lieu à Regnier de faire la satire contre Malherbe, qui commence :

> Rapin, le favori[2], etc.

Il n'estimoit point du tout les Grecs, et particulièrement il s'étoit déclaré ennemi du galimatias de Pindare.

Pour les Latins, celui qu'il estimoit le plus étoit Stace, qui a fait la Thébaïde, et après, Sénèque le Tragique, Horace, Juvénal, Ovide, Martial.

Il estimoit fort peu les Italiens, et disoit que tous les sonnets de Pétrarque étaient *à la grecque*, aussi bien que les épigrammes de Mlle Gournay[3].

---

généralement à toutes les choses qui avoient un bel extérieur, auquel l'intérieur ne répondoit point. » *Nichil* est une forme souvent employée dans la basse latinité pour *nihil*.

1. Ph. Desportes, abbé de Tiron, né à Chartres en 1546, mort en 1606. La première édition de sa traduction en vers des cent cinquante psaumes parut en 1603; il en avait publié soixante en 1591; cent en 1598.

2. C'est la IXᵉ satire.

3. Le *Ménagiana* rapporte que Racan ayant reproché aux épi-

Il se faisoit presque tous les jours, sur le soir, quelque petite conférence, où assistoient particulièrement Colomby, Maynard, Racan, Dumoustier[1] et quelques autres dont les noms n'ont pas été connus dans le monde; et [un jour], un habitant d'Aurillac, où Maynard étoit alors président, vint heurter à la porte en demandant : « Monsieur le Président est-il point ici ? » Cela obligea M. de Malherbe à se lever brusquement pour courir répondre à cet habitant : « Quel président demandez-vous? Apprenez qu'il n'y a point ici d'autre président que moi. »

Quelqu'un lui disant que M. Gaumin[2] avoit trouvé le secret d'entendre le sens de la langue punique, et qu'il y avoit fait le *Pater noster*, il dit à l'heure même assez brusquement, à son ordinaire : « Je m'en vais tout à cette heure y faire le *Credo;* » et à l'instant il prononça une douzaine de mots qui n'étoient d'aucune langue, en disant : « Je vous soutiens que voilà le *Credo* en langue punique : qui est-ce qui pourroit dire le contraire? »

Il s'opiniâtra fort longtemps avec un nommé M. de la Loy[3] à faire des sonnets licencieux[4]. Colomby n'en vou-

grammes de Mlle de Gournay de manquer de pointe, celle-ci répondit qu'il ne fallait pas prendre garde à cela, que c'étaient des épigrammes à la grecque.

1. F. Cauvigny, sieur de Colomby, membre de l'Académie française, né à Caen en 1588, mort en 1648. — F. Maynard, président à Aurillac, membre de l'Académie française, né à Toulouse en 1582, mort en 1646. — Daniel Dumontier ou Dumonstier (on écrivait aussi, mais à tort, Dumoustier), célèbre portraitiste, né à Paris en 1550, mort en 1631.

2. Gilbert Gaulmin, orientaliste, né à Moulins en 1585, mort en 1665.

3. Laleu, suivant les anciennes éditions. Je ne pense pas que ce soit le Laleu, oncle de Tallemant, dont il est question dans les *Historiettes.*

4. Irréguliers, c'est-à-dire « dont les deux quatrains ne sont pas

lut jamais faire et ne les pouvoit approuver. Racan en fit un ou deux, mais ce fut le premier qui s'en ennuya ; et comme il en vouloit divertir[1] M. de Malherbe, en lui disant que ce n'étoit pas un sonnet si l'on n'observoit les règles ordinaires de rimer les deux premiers quatrains, M. de Malherbe lui disoit : « Eh bien, Monsieur, si ce n'est un sonnet, c'est une sonnette [2]. » Toutefois à la fin il s'ennuya, et n'y a eu que Maynard, de tous ses écoliers, qui a continué à en faire jusques à la mort. M. de Malherbe les quitta lui-même, lorsque Colomby ni Racan ne l'en persécutoient plus. C'étoit son ordinaire de s'aheurter d'abord contre le conseil de ses amis, ne voulant pas être pressé, pour y revenir après que l'on ne l'en pressoit plus.

Il avoit aversion contre les fictions poétiques, et en lisant une épître de Regnier à Henri le Grand qui commence :

Il étoit presque jour, et le ciel souriant [3]....

et où il feint que la France s'enleva en l'air pour parler à Jupiter et se plaindre du misérable état où elle étoit pendant la Ligue, il demandoit à Regnier en quel temps cela étoit arrivé, et disoit qu'il avoit toujours demeuré en France depuis cinquante ans et qu'il ne s'étoit point aperçu qu'elle se fût enlevée de sa place.

Il avoit un frère aîné[4] avec lequel a toujours été en

sur mesmes rimes, » ajoute Pellisson, qui a cité ce passage (p. 446) en l'abrégeant.

1. Détourner.

2. Dans les anciennes éditions on lit : « Si ce n'est un sonnet, ce sont des vers ; » ce qui rappelle fort les *épigrammes à la grecque* dont il vient d'être parlé.

3. C'est la première des *Épîtres* de Regnier. Elle parut en 1608.

4. Lisez *puîné;* car Malherbe était l'aîné de la famille. Ce frère

procès, et comme un de ses amis le plaignoit de cette mauvaise intelligence, et que c'étoit un malheur assez ordinaire d'avoir procès avec ses proches, M. de Malherbe lui dit qu'il ne pouvoit pas en avoir avec les Turcs et les Moscovites, avec qui il n'avoit rien à partager.

Il perdit sa mère environ l'an 1615, qu'il étoit âgé de plus de soixante ans, et comme la Reine mère envoya un gentilhomme pour le consoler, il dit à ce gentilhomme qu'il ne pouvoit se revancher de l'honneur que lui faisoit la Reine qu'en priant Dieu que le Roi son fils pleurât sa mort aussi vieux qu'il pleuroit celle de sa mère.

Il ne pouvoit souffrir que les pauvres, en demandant l'aumône, dissent : « Noble gentilhomme ; » et disoit que cela étoit superflu, et que s'il étoit gentilhomme il étoit noble.

Quand les pauvres lui disoient qu'ils prieroient Dieu pour lui, il leur répondoit qu'il ne croyoit pas qu'ils eussent grand crédit envers Dieu, vu le mauvais état auquel il les laissoit en ce monde, et qu'il eût mieux aimé que M. de Luynes ou quelque autre favori lui eût fait la même promesse.

Un jour que M. de Termes reprenoit Racan d'un vers qu'il a changé depuis, où il y avoit, parlant d'un homme champêtre :

Le labeur de ses bras rend sa maison prospère [1],

est celui que dans l'*Épitaphe de M. d'Is* il appelle le *grand Éléazar mon frère*.

1. Ce vers a été ainsi modifié par l'auteur :

Il laboure le champ que labouroit son père.

Racan lui répondit que M. de Malherbe avoit usé de ce mot *prospère* de la même sorte en ce vers :

O que la fortune prospère[1]....

M. de Malherbe, qui étoit présent, lui dit assez brusquement : « Eh bien, mort-Dieu ! si je fais un pet, en voulez-vous faire un autre ? »

Quand on lui montroit quelques vers où il y avoit des mots superflus et qui ne servoient qu'à la mesure ou à la rime, il disoit que c'étoit une bride de cheval attachée avec une aiguillette.

Un homme de robe longue, de condition, lui apporta des vers assez mal polis, qu'il avoit faits à la louange d'une dame, et lui dit, avant que de les lui montrer, que des considérations l'avoient obligé à faire ces vers. M. de Malherbe les lut avec mépris, et lui demanda, après qu'il eut achevé, s'il avoit été condamné à être pendu ou à faire ces vers-là, parce que à moins de cela il ne devoit point exposer sa réputation en produisant des ouvrages si ridicules.

. . . .

S'étant vêtu un jour extraordinairement, à cause du grand froid qu'il faisoit, il avoit encore étendu sur sa fenêtre trois ou quatre aunes de frise verte, et comme on lui demanda ce qu'il vouloit faire de cette frise, il répondit brusquement, à son ordinaire : « Je pense qu'il est avis à ce froid qu'il n'y a plus de frise dans Paris ; je lui montrerai bien que si. »

1. C'est le douzième vers de la pièce XIX. Seulement il est imprimé ainsi :

O que nos fortunes prospères....

En ce même temps, ayant mis à ses jambes une si grande quantité de bas, presque tous noirs, qu'il ne se pouvoit chausser également qu'avec des jetons, Racan arriva en sa chambre comme il étoit en cet état-là, et lui conseilla, pour se délivrer de la peine de se servir de jetons, de mettre à chacun de ses bas un ruban de quelque couleur, ou une marque de soie qui commençât par une lettre de l'alphabet, comme au premier un ruban ou une lettre de soie amarante, au second un bleu, au troisième un cramoisi, et ainsi des autres. M. de Malherbe approuva le conseil et l'exécuta à l'heure même, et le lendemain, venant dîner chez M. de Bellegarde, en voyant Racan il lui dit, au lieu de bonjour : « J'en ai jusques à l'L ; » de quoi tout le monde fut fort surpris, et Racan même eut de la peine à comprendre d'abord ce qu'il vouloit dire, ne se souvenant pas alors du conseil qu'il avoit donné, pour expliquer cette énigme.

Il disoit aussi à ce propos que Dieu n'avoit fait le froid que pour les pauvres et pour les sots, et que ceux qui avoient le moyen de se faire bien chauffer et bien habiller ne devoient point souffrir de froid.

Quand on lui parloit des affaires d'État, il avoit toujours ce mot en la bouche, qu'il a mis dans l'épître liminaire de Tite Live adressée à M. de Luynes : qu'il ne falloit point se mêler de la conduite d'un vaisseau où l'on n'étoit que simple passager.

Un jour que le roi Henri le Grand montra à M. de Malherbe la première lettre que le feu roi Louis XIII lui avoit écrite, et M. de Malherbe y ayant remarqué qu'il avoit signé *Loïs* sans *u* pour *Louis*, il demanda assez brusquement au Roi si Monsieur le Dauphin avoit nom

Loïs? De quoi le Roi se trouvant étonné, voulut savoir la cause de cette demande. Alors M. de Malherbe lui fit voir qu'il avoit signé *Loïs*, et non pas *Louis*. Cela donna sujet d'envoyer querir celui qui montroit à écrire à Monsieur le Dauphin, pour lui enjoindre de lui faire mieux orthographier son seing avec un *u*, et c'est pourquoi M. de Malherbe disoit qu'il étoit cause que le feu Roi avoit nom *Louis*.

Comme les états généraux se tenoient à Paris, il y eut une grande contestation entre le tiers état et le clergé, qui donna sujet à cette belle harangue de M. le cardinal du Perron[1], et cette affaire s'échauffant, les évêques menaçoient de se retirer et de mettre la France en interdit. M. de Bellegarde entretenant M. de Malherbe de l'appréhension qu'il avoit d'être excommunié, M. de Malherbe lui dit, pour le consoler, qu'au contraire il s'en devoit réjouir, et que, devenant tout noir, comme sont les excommuniés, cela le délivreroit de la peine qu'il prenoit tous les jours à se peindre la barbe et les cheveux.

Une autre fois il disoit à M. de Bellegarde : « Vous faites bien le galant et l'amoureux des belles dames; lisez-vous encore à livre ouvert ? » qui étoit sa façon de parler pour dire s'il étoit toujours prêt à les servir. M. de Bellegarde lui dit qu'oui ; à quoi M. de Malherbe répondit en ces mots : « Pardieu ! Monsieur, j'aimerois mieux vous ressembler de cela que de votre duché et pairie. »

---

1. Le 2 janvier 1615. Il s'agissait de répondre à divers articles que le tiers état avait mis en tête de ses cahiers, et entre autres à celui qui demandait que la couronne de France fût déclarée indépendante du pouvoir spirituel.

Un jour Henri le Grand lui montra des vers qu'on lui avoit donnés, qui commençoient :

> Toujours l'heur et la gloire
> Soient à votre côté !
> De vos faits la mémoire
> Dure à l'éternité !

M. de Malherbe, sur-le-champ, et sans en lire davantage, les retourna en cette sorte :

> Que l'épée et la dague
> Soient à votre côté ;
> Ne courez point la bague
> Si vous n'êtes botté ;

et là-dessus se retira sans faire aucun jugement.

Je ne sais si le festin qu'il fit à six de ses amis et où il faisoit le septième pourroit avoir place en sa vie. D'abord il n'en avoit prié que quatre, savoir : M. de Fouquerolles, enseigne ou lieutenant aux gardes du corps ; M. de la Masure, gentilhomme de Normandie, qui étoit à la suite de M. de Bellegarde, M. de Colomby et M. Patris[1] : ce dernier est à présent au service de S. A. R.[2], capitaine de son château de Limours. Mais le jour de devant que se dût faire le festin, Yvrande[3] et Racan revinrent de Touraine, de la maison de Racan, venant descendre chez M. de Malherbe. A l'heure même qu'il les vit, il commanda à son valet d'acheter encore deux chapons, et les pria de dîner chez lui. Enfin, pour le faire court, tout le festin ne fut que de sept chapons bouillis, dont il leur en fit servir à chacun un, outre celui

---

1. Patrix, poëte, né à Caen en 1583, mort en 1671.
2. Gaston, duc d'Orléans.
3. Yvrande, gentilhomme breton et poëte.

qu'il garda pour lui, et leur dit : « Messieurs, je vous aime tous également ; c'est pourquoi je vous veux traiter de même, et ne veux point que vous ayez d'avantage l'un sur l'autre. »

Tout son contentement étoit d'entretenir ses amis particuliers, comme Racan, Colomby, Yvrande et autres, du mépris qu'il faisoit de toutes les choses que l'on estime le plus dans le monde. En voici un exemple : il disoit souvent à Racan que c'étoit folie de se vanter d'être d'une ancienne noblesse, et que plus elle étoit ancienne, plus elle étoit douteuse, et qu'il ne falloit qu'une femme lascive pour pervertir le sang de Charlemagne et de saint Louis ; que tel qui se pensoit être issu d'un de ces grands héros étoit peut-être venu d'un valet de chambre ou d'un violon. . . . .
. . . .

Il ne s'épargnoit pas lui-même en l'art où il excelloit, et disoit souvent à Racan : « Voyez-vous, Monsieur, si nos vers vivent après nous, toute la gloire que nous en pouvons espérer est qu'on dira que nous avons été deux excellents arrangeurs de syllabes, et que nous avons eu une grande puissance sur les paroles, pour les placer si à propos chacune en leur rang, et que nous avons été tous deux bien fous de passer la meilleure partie de notre âge en un exercice si peu utile au public et à nous, au lieu de l'employer à nous donner du bon temps, ou à penser à l'établissement de notre fortune. »

Il avoit aussi un grand mépris pour tous les hommes en général, et après avoir fait le récit du péché de Caïn et de la mort d'Abel son frère, il disoit : « Voilà un beau début ! Ils n'étoient que trois ou quatre au monde et il y en a un qui a tué son frère ! Que pouvoit espérer Dieu des hommes après cela pour se donner tant de peine de les conserver? N'eût-il pas mieux fait d'en éteindre dès l'heure l'engeance pour jamais? »

C'étoient les discours ordinaires qu'il avoit avec ses plus familiers amis; mais ils ne se peuvent exprimer avec la grâce qu'il les prononçoit, parce qu'ils tiroient leur plus grand ornement de son geste et du ton de sa voix.

M. l'archevêque de Rouen l'ayant prié de dîner chez lui pour entendre le sermon qu'il devoit faire en une église proche de son logis, aussitôt que M. de Malherbe eut dîné il s'endormit dans une chaire[1], et comme Monsieur de Rouen le pensa réveiller pour le sermon, il le pria de l'en dispenser en lui disant qu'il dormiroit bien sans cela.

Il parloit fort ingénument de toutes choses, et avoit un grand mépris pour les sciences, particulièrement pour celles qui ne servent que pour le plaisir des yeux et des oreilles, comme la peinture, la musique et même la poésie, encore qu'il y fût excellent; et un jour comme Bordier[2] se plaignoit à lui qu'il n'y avoit des récompenses que pour ceux qui servoient le Roi dans les armées et dans les affaires d'importance, et que l'on étoit trop ingrat à ceux qui excelloient dans les belles-lettres, M. de Malherbe lui répondit que c'étoit faire fort prudemment, et que c'étoit sottise de faire des vers pour en espérer autre récompense que son divertissement, et qu'un bon poëte n'étoit pas plus utile à l'État qu'un bon joueur de quilles.

1. *Chaire*, chaise.
2. René Bordier, poëte du Roi, grand faiseur de ballets sous Henri IV et Louis XIII.

Un jour qu'il se retiroit fort tard de chez M. de Bellegarde avec un flambeau allumé devant lui, il rencontra M. de Saint-Paul, gentilhomme de condition, parent de M. de Bellegarde, qui le vouloit entretenir de quelques nouvelles de peu d'importance ; il lui coupa court en lui disant : « Adieu, adieu, vous me faites ici brûler pour cinq sols de flambeau, et tout ce que vous me dites ne vaut pas six blancs. »

Dans ses *Heures*, il avoit effacé des litanies des saints tous les noms particuliers, et disoit qu'il étoit superflu de les nommer tous les uns après les autres, et qu'il suffiroit de les nommer en général: *Omnes sancti et sanctæ Dei, ora pro nobis.*

Il avoit aussi effacé plus de la moitié de son Ronsard et en cotoit à la marge les raisons. Un jour, Yvandre, Racan, Colomby et autres de ses amis le feuilletoient sur sa table, et Racan lui demanda s'il approuvoit ce qu'il n'avoit point effacé : « Pas plus que le reste, » dit-il. Cela donna sujet à la compagnie, et entre autres à Colomby, de lui dire que si l'on trouvoit ce livre après sa mort, on croiroit qu'il auroit trouvé bon ce qu'il n'auroit point effacé ; sur quoi il lui dit qu'il disoit vrai, et tout à l'heure acheva d'effacer tout le reste.

Il étoit assez mal meublé, logeant ordinairement en chambre garnie, et n'avoit que sept ou huit chaires de paille ; et comme il étoit fort visité de ceux qui aimoient les belles-lettres, quand les chaires étoient toutes remplies, il fermoit sa porte par dedans, et si quelqu'un y venoit y heurter, il lui crioit : « Attendez, il n'y a plus de chaires ; » et disoit qu'il valoit mieux ne les point recevoir que de leur donner l'incommodité d'être debout.

Il a toujours été fort adonné aux femmes, et se vantoit

en sa conversation ordinaire de ses bonnes fortunes et des merveilles qu'il y avoit faites.

Un jour, en entrant dans l'hôtel de Sens, il trouva dans la salle deux hommes qui jouoient au trictrac, et qui disputant d'un coup se donnoient tous deux au diable qu'ils avoient gagné. Au lieu de les saluer, il ne fit que dire : « Viens, diable, viens, tu ne saurois faillir : il y en a l'un ou l'autre à toi. »

Il y eut une grande contestation entre ceux qu'il appeloit du pays *d'adieusias*, qui étoient tous ceux de delà la Loire, et ceux du pays de deçà, qu'il appela du pays de *Dieu vous conduise* : savoir s'il falloit appeler le petit vase dont on se sert pour manger du potage une *cuiller* ou une *cuillère*. La raison de ceux du pays *d'adieusias*, d'où étoit Henri le Grand, ayant été nourri en Béarn, étoit que *cuiller*, étant féminin, devoit avoir une terminaison féminine. Le pays de *Dieu vous conduise* alléguoit, outre l'usage, que cela n'étoit pas sans exemple de voir des choses féminines qui avoient une terminaison masculine, entre autres une *perdrix*, une *met*[1] à boulanger ou de pressoir. Enfin cette dispute dura si longtemps qu'elle obligea le Roi à en demander avis à M. de Malherbe, lequel ne craignit point de contester, et lui dire qu'il falloit dire *cuiller*, et non pas *cuillère*, et le renvoya aux crocheteurs du port au Foin, comme il avoit accoutumé ; et comme le Roi ne se sentoit pas condamné du jugement de M. de Malherbe, il lui dit ces mêmes mots : « Sire, vous êtes le plus absolu roi qui aye jamais gouverné la France, et si[2] vous ne sauriez faire dire deçà

---

1. Pétrin et huche ; conduit d'un pressoir par où s'écoule le vin.
2. *Et si*, et pourtant.

la Loire une cuillère, à moins que de faire défense, à peine de cent livres d'amende, de la nommer autrement. »

Un jour M. de Bellegarde, qui étoit, comme l'on sait, Gascon, lui envoya demander lequel étoit le mieux dit de *dépensé* ou *dépendu*; il répondit sur-le-champ que *dépensé* étoit plus françois, mais que *pendu, dépendu, rependu,* et tous les composés de ce vilain mot qui lui vinrent dans la bouche, étoient plus propres pour les Gascons.

Quand on lui demandoit son avis de quelque mot françois, il renvoyoit ordinairement aux crocheteurs du port au Foin, et disoit que c'étoient ses maîtres pour le langage; ce qui peut-être a donné lieu à Regnier de dire :

Comment! il faudroit donc, pour faire une œuvre grande
Qui de la calomnie et du temps se défende,
Et qui nous donne rang parmi les bons auteurs,
Parler comme à Saint-Jean parlent les crocheteurs [1] ?

Un jour il récitoit à Racan des vers qu'il avoit nouvellement faits, et après il lui en demanda son avis. Racan s'en excusa, lui disant qu'il ne les avoit pas bien entendus et qu'il en avoit mangé la moitié; dont se sentant piqué, parce qu'il étoit fâché de ce qu'on lui disoit un peu trop librement son défaut d'être bègue, il lui dit en colère : « Mort Dieu ! si vous me fâchez, je les mangerai tous; ils sont à moi puisque je les ai faits, j'en puis faire ce que je voudrai. »

Il ne vouloit pas que l'on fît des vers qu'en sa langue ordinaire, et disoit que nous n'entendions point la finesse

1. Satire IX, vers 29-32. — Le premier et le troisième vers cités ici sont imprimés un peu différemment dans les éditions de Regnier.

des langues que nous n'avions apprises que par art, et à ce propos, pour se moquer de ceux qui faisoient des vers latins, il disoit que si Virgile et Horace venoient au monde, ils bailleroient le fouet à Bourbon et à Sirmond[1].

. . . .

Il disoit souvent, et principalement quand on le reprenoit de ne suivre pas bien le sens des auteurs qu'il traduisoit ou paraphrasoit, qu'il n'apprêtoit pas les viandes pour les cuisiniers ; comme s'il eût voulu dire qu'il se soucioit fort peu d'être loué des gens de lettres qui entendoient les livres qu'il avoit traduits, pourvu qu'il le fût des gens de la cour ; et c'étoit de cette même sorte que Racan se défendoit de ses censures, en avouant qu'elles étoient fort justes, mais que les fautes qu'il lui reprenoit n'étoient connues que de trois ou quatre personnes qui le hantoient, et qu'il faisoit des vers pour être lus dans le cabinet du Roi et dans les ruelles des dames, plutôt que dans sa chambre ou dans celles des autres savants en poésie.

Il avouoit pour ses écoliers les sieurs de Touvant[2], Colomby, Maynard et de Racan. Il en jugeoit diversement, et disoit en termes généraux que Touvenant faisoit fort bien des vers, sans dire en quoi il excelloit ; que Colomby avoit fort bon esprit, mais qu'il n'avoit point le génie à la poésie ; que Maynard étoit celui de tous qui

---

1. Nicolas Bourbon, poëte latin, membre de l'Académie française, né en 1574, mort en 1644. — Jean Sirmond, poëte latin, membre de l'Académie française, né en 1589, mort en 1640.

2. Charles de Piard, sieur d'Infrainville et de Touvant. Ses vers sont épars dans les recueils du commencement du dix-septième siècle, et entre autres dans le tome I des *Délices de la poésie françoise*, 1615, où il en est parlé comme d'un mort. Le manuscrit porte par erreur *Tourant* au lieu de *Touvant*.

faisoit le mieux les vers, mais qu'il n'avoit point de force et qu'il s'étoit adonné à un genre de poésie auquel il n'étoit pas propre, voulant dire ses épigrammes, et qu'il n'y réussiroit pas, parce qu'il n'avoit pas assez de pointe ; pour Racan, qu'il avoit de la force, mais qu'il ne travailloit pas assez ses vers ; que le plus souvent, pour mettre une bonne pensée, il prenoit de trop grandes licences, et que de ces deux derniers on feroit un grand poëte.

La connoissance qu'avoit eue Racan avec M. de Malherbe étoit lorsqu'il étoit page de la chambre chez M. de Bellegarde, âgé au plus de dix-sept ans[1] ; c'est pourquoi il respectoit toujours M. de Malherbe comme son père, et M. de Malherbe vivoit avec lui comme avec son fils. Cela donna sujet à Racan, à son retour de Calais, où il fut porter les armes en sortant de page, de demander avis à M. de Malherbe de quelle sorte il se devoit conduire dans le monde, et lui fit la déduction de quatre ou cinq sortes de vies qu'il pouvoit faire. La première et la plus honorable étoit de suivre les armes ; mais d'autant qu'il n'y avoit alors point de guerre qu'en Suède ou en Hongrie, il n'avoit pas moyen de la chercher si loin, à moins que de vendre tout son bien pour faire son équipage et les frais de son voyage.

La seconde étoit de demeurer dans Paris pour liquider ses affaires, qui étoient fort brouillées, et celle-là lui plaisoit le moins.

La troisième étoit de se marier, sur la créance qu'il avoit de trouver un bon parti dans l'espérance que l'on auroit de la succession de Mme de Bellegarde, qui ne

---

1. Racan étant né en 1589, cette date nous reporte à l'année 1606.

lui pouvoit manquer : à cela il disoit que cette succession seroit peut-être longue à venir, et que cependant, épousant une femme qui l'obligeroit, si elle étoit de mauvaise humeur il seroit contraint d'en souffrir.

Il lui proposoit aussi de se retirer aux champs à faire petit pot[1] ; ce qui n'eût pas été séant à un homme de son âge, et ce n'eût pas été vivre aussi selon sa condition.

Sur toutes ces propositions dont Racan lui demandoit conseil, M. de Malherbe, au lieu de lui répondre directement à sa demande, commença par une fable en ces mots[2] :

« Il y avoit, dit-il un homme âgé d'environ cinquante ans qui avoit un fils qui n'en avoit que treize ou quatorze. Ils n'avoient, pour tous deux qu'un petit âne pour les porter en un long voyage qu'ils entreprenoient. Le premier qui monta sur l'âne, ce fut le père ; mais après deux ou trois lieues de chemin, le fils commençant à se lasser, il le suivit à pied de loin et avec beaucoup de peine, ce qui donna sujet à ceux qui les voyoient passer de dire que ce bonhomme avoit tort de laisser aller à pied cet enfant qui étoit encore jeune, et qu'il eût mieux porté cette fatigue-là que lui. Le bonhomme mit donc son fils sur l'âne et se mit à le suivre à pied. Cela fut encore trouvé étrange par ceux qui les virent, lesquels disoient que ce fils étoit bien ingrat et de mauvais naturel, de laisser aller son père à pied. Ils s'avisèrent donc de

---

1. *Faire petit pot*, vivre petitement.
2. On sait que la Fontaine, qui a mis en vers cette fable (livre III, 1), publiée antérieurement dans les *Facéties* du Pogge, dans les *Fables* de Faërne et de Verdizotti, a mentionné ainsi le récit de Malherbe :

Autrefois à Racan Malherbe l'a conté.

monter tous deux sur l'âne, et alors on y trouvoit encore à dire: « Ils sont donc bien cruels, disoient les passants, « de monter ainsi tous deux sur cette pauvre bête, qui à « peine seroit suffisante d'en porter un seul. » Comme ils eurent ouï cela, ils descendirent tous deux de dessus l'âne et le touchèrent devant eux. Ceux qui les voyoient aller de cette sorte se moquoient d'eux d'aller à pied se pouvant soulager d'aller l'un ou l'autre sur le petit âne. Ainsi ils ne surent jamais aller au gré de tout le monde ; c'est pourquoi ils résolurent de faire à leur volonté, et laisser au monde la liberté d'en juger à sa fantaisie. Faites-en de même, dit M. de Malherbe à Racan pour toute conclusion ; car quoi que vous puissiez faire, vous ne serez jamais généralement approuvé de tout le monde, et l'on trouvera toujours à redire en votre conduite. »

Encore qu'il reconnût, comme nous l'avons déjà dit, que Racan avoit de la force en ses vers, il disoit qu'il étoit hérétique en poésie, pour ne se tenir pas assez étroitement dans ses observations, et voici particulièrement de quoi il le blâmoit :

Premièrement, de rimer indifféremment aux terminaisons en *ant* et en *ent*, comme *innocence* et *puissance*, *apparent* et *conquérant*, *grand* et *prend;* et vouloit qu'on rimât pour les yeux aussi bien que pour les oreilles. Il le reprenoit aussi de rimer le simple et le composé, comme *temps* et *printemps*, *séjour* et *jour*. Il ne vouloit pas aussi qu'il rimât les mots qui avoient quelque convenance, comme *montagne* et *campagne*, *défense* et *offense*, *père* et *mère*, *toi* et *moi*. Il ne vouloit point non plus que l'on rimât les mots qui dérivoient les uns des autres, comme *admettre*, *commettre*, *promettre*, et autres, qu'il disoit qui dérivoient de *mettre*. Il ne vouloit point encore qu'on rimât les noms propres les uns contre les autres, comme *Thessalie* et *Italie*, *Castille* et *Bastille*, *Alexandre* et *Lysandre*; et sur la fin il étoit devenu si rigide en ses rimes qu'il avoit même peine à souffrir que l'on rimât les verbes de la termination en *er* qui avoient tant soit peu de convenance, comme *abandonner*, *ordonner* et *pardonner*, et disoit qu'ils venoient tous trois de *donner*. La raison qu'il disoit pourquoi il falloit plutôt rimer des mots éloignés que ceux qui avoient de la convenance est que l'on trouvoit de plus beaux vers en les rapprochant qu'en rimant ceux qui avoient presque une même signification; et s'étudioit fort à chercher des rimes rares et stériles, sur la créance qu'il avoit qu'elles lui faisoient produire quelques nouvelles pensées, outre qu'il disoit que cela sentoit son grand poëte de tenter les rimes difficiles qui n'avoient point encore été rimées. Il ne vouloit point qu'on rimât sur *malheur* ni *bonheur*, parce qu'il disoit que les Parisiens n'en prononçoient que l'*u*, comme s'il y avoit *malhur*, *bonhur*, et de le rimer à *honneur* il le trouvoit trop proche. Il ne vouloit non plus que l'on rimât à *flame*, parce qu'il l'écrivoit et le prononçoit ainsi avec deux *m: flamme*, et le faisoit long en le prononçant; c'est pourquoi il ne le pouvoit rimer qu'à *épigramme*. Il reprenoit aussi Racan quand il rimoit *qu'ils ont eu* avec *vertu* ou *battu*, parce qu'il disoit que l'on prononçoit à Paris *ont eu* en trois syllabes, en faisant une de l'*e* et l'autre de l'*u* du mot *eu*.

Outre les réprimandes qu'il faisoit à Racan pour ses rimes, il le reprenoit encore de beaucoup de choses pour la construction de ses vers, et de quelques façons de parler trop hardies qui seroient trop longues à dire, et qui auroient meilleure grâce dans un art poétique que dans sa vie. C'est pourquoi je me contenterai de faire encore une remarque de ce point dont ils étoient en contestation.

Au commencement que M. de Malherbe vint à la cour, qui fut en 1605, comme nous avons déjà dit, il n'observoit pas encore de faire une pause au troisième vers des stances de six, comme il se peut voir en la Prière qu'il fit pour le Roi allant en Limousin, où il y a deux ou trois stances où le sens est emporté, et au psaume *Domine Dominus noster*, en cette stance et peut-être quelques autres dont je ne me souviens pas à présent :

> Sitôt que le besoin excite son desir,
> Qu'est-ce qu'en ta largesse il ne trouve à choisir?
> Et par ton mandement, l'air, la mer et la terre
>   N'entretiennent-ils pas
> Une secrète loi de se faire la guerre
> A qui de plus de mets fournira ses repas ?

Il demeura toujours en cette négligence pendant la vie de Henri le Grand, comme il se voit encore en la pièce qui commence :

> Que n'êtes-vous lassées,

en la seconde stance, dont le premier vers est :

> Que ne cessent mes larmes,

qu'il fit pour Madame la Princesse[1], et je ne sais s'il n'a point encore continué cette négligence jusques en 1612, aux vers qu'il fit pour la place Royale : tant y a que le premier qui s'aperçut que cette observation étoit nécessaire pour la perfection des stances de six fut Maynard,

---

1. C'est-à-dire pour le Roi amoureux de la princesse de Condé.

et c'est peut-être la raison pour laquelle M. de Malherbe l'estimoit l'homme de France qui savoit le mieux faire des vers. D'abord Racan, qui jouoit un peu du luth et aimoit la musique, se rendit en faveur des musiciens, qui ne pouvoient faire leur reprise aux stances de six, s'il n'y avoit un arrêt au troisième vers. Mais quand M. de Malherbe et Maynard voulurent qu'aux stances de dix, outre l'arrêt du quatrième vers, on en fît encore un au septième, Racan s'y opposa, et ne l'a jamais presque observé. Sa raison étoit que les stances de dix ne se chantent presque jamais, et que quand elles se chanteroient on ne les chanteroit pas en trois reprises; c'est pourquoi il suffisoit d'une au quatrième. Voilà la plus grande contestation qu'il a eue contre M. de Malherbe et ses écoliers, et pourquoi on a été prêt de le déclarer hérétique en poésie.

M. de Malherbe vouloit aussi que les élégies eussent un sens parfait de quatre vers en quatre vers, même de deux en deux, s'il se pouvoit; à quoi jamais Racan ne s'est accordé.

Il ne vouloit point que l'on nombrât en vers des nombres vagues, comme *mille* ou *cent tourments*, et disoit assez plaisamment, quand il voyoit quelqu'un nombrer de cette sorte : « Peut-être n'y en avoit-il que quatre-vingt-dix-neuf. » Mais il estimoit qu'il y avoit de la grâce à nombrer nécessairement[1], comme en ce vers de Racan :

Vieilles forêts de trois siècles âgées.

C'est encore une des censures à quoi Racan ne se pouvoit rendre de ne point nombrer par cent ou par mille pour

1. C'est-à-dire d'une manière précise.

dire infiniment, et néanmoins il n'a osé s'en licencier[1] que depuis sa mort.

A ce propos de nombrer, quand on lui disoit que quelqu'un avoit les fièvres en plurier, il demandoit aussitôt : « Combien en a-t-il de fièvres ? »

Ses amis familiers, qui voyoient de quelle sorte il travailloit, disent avoir remarqué trois sortes de styles dans sa prose :

Le premier étoit en ses lettres familières, qu'il écrivoit à ses amis sans aucune préméditation, qui, quoique fort négligées, avoient toujours quelque chose d'agréable qui sentoit son honnête homme.

Le second étoit en celles où il ne travailloit qu'à demi, où l'on croit avoir remarqué beaucoup de dureté et de pensées indigestes qui n'avoient aucun agrément.

Le troisième étoit dans les choses que par un long travail il mettoit en leur perfection, où sans doute il s'élevoit beaucoup au-dessus de tous les écrivains de son temps.

Ces trois divers styles se peuvent remarquer en ses lettres familières à Racan et à ses autres amis, pour le premier ; pour le second, en ses lettres d'amour, qui n'ont jamais été fort estimées ; et pour le troisième, en la *Consolation à la princesse de Conti*, qui est presque le seul ouvrage de prose qu'il ait achevé.

Il se moquoit de ceux qui disoient qu'il y avoit du nombre en la prose, et disoit que de faire des périodes nombreuses c'étoit faire des vers en prose. Cela a fait croire à quelques-uns que les *Épîtres de Sénèque* n'étoient point de lui, parce que les périodes en sont un peu nombreuses.

Celle pour qui il a fait des vers sous le nom de Caliste

---

1. S'en donner la licence.

étoit la vicomtesse d'Auchy, dont le bel esprit a paru jusques à sa mort ; et sa Rodanthe étoit Mme la marquise de Rambouillet. Voici la raison pourquoi il lui donna ce nom-là :

Un jour ils s'entretenoient Racan et lui de leurs amours qui n'étoient qu'amours honnêtes, c'est-à-dire du dessein qu'ils avoient de choisir quelque dame de mérite et de qualité pour être le sujet de leurs vers.

M. de Malherbe lui nomma Mme de Rambouillet, et Racan Mme de Termes, qui étoit alors veuve[1]. Il se trouva que toutes deux avoient nom *Catherine*, savoir : la première, que M. de Malherbe avoit choisie, Catherine de Vivonne ; et celle de Racan, Catherine Chabot. Le plaisir que prit M. de Malherbe en cette conversation lui fit promettre d'en faire une Églogue, ou entretien de bergers, sous les noms de *Mélibée* pour lui et *Arcas* pour Racan, et je me suis étonné qu'il ne s'en est trouvé quelque commencement dans ses manuscrits, car je lui en ai ouï réciter près de quarante vers.

Prévoyant donc que ce même nom de *Catherine*, servant pour tous deux, feroit de la confusion dans cette Églogue qu'il se promettoit de faire, il passa tout le reste de l'après-dînée, avec Racan, à chercher des anagrammes sur ce nom qui eussent de la douceur pour mettre dans les vers ; ils n'en trouvèrent que trois : *Arthénice*, *Éracinthe* et *Carinthée*. Le premier fut jugé le plus beau ; mais Racan s'en étant servi dans sa pastorale, qu'il fit incontinent après, M. de Malherbe méprisa les deux autres, et prit Rodanthe, ne se souciant plus d'en prendre qui fussent anagrammes de *Catherine*.

---

1. Elle ne le devint qu'en 1621.

M. de Malherbe étoit alors marié et fort avancé en âge; c'est pourquoi son amour ne produisit que quelques vers, entre autres ceux qui commencent :

Chère beauté, que mon âme ravie, etc.,

et ces autres que Boisset mit en air :

Ils s'en vont, ces rois de ma vie.

Il fit aussi quelques lettres sur le même nom de Rodanthe; mais Racan, qui avoit trente-quatre ans moins que lui, et qui étoit alors garçon, Mme de Termes étant d'ailleurs veuve, il se trouva engagé à changer son amour poétique en une véritable et légitime, et fit quelques voyages en Bourgogne pour cet effet. C'est ce qui donna lieu à M. de Malherbe de lui écrire une lettre, où il y a des vers, pour le divertir de cette passion, sur ce qu'il avoit appris que Mme de Termes se laissoit cajoler par M. Vignier, qui l'a épousée depuis; et quand il sut que Racan étoit résolu de se marier en son pays, il le manda aussitôt à Mme de Termes, en une lettre qui est imprimée.

Il disoit, quand on lui parloit de l'enfer et du paradis : « J'ai vécu comme les autres, je veux mourir comme les autres, et aller où vont les autres. »

Il mourut à Paris, comme nous avons dit ci-devant, vers la fin du siége de la Rochelle, où Racan commandoit la compagnie de M. d'Effiat, ce qui fut cause qu'il n'assista point à sa mort et qu'il n'en a su que ce qu'il en a ouï dire à M. de Porchères d'Arbaud[1]. Il ne lui a

---

1. F. d'Arbaud, sieur de Porchères, membre de l'Académie française.

point celé que pendant sa maladie il n'eût eu beaucoup de difficulté à le faire résoudre de se confesser, lui disant qu'il n'avoit accoutumé de se confesser qu'à Pâques. Il étoit pourtant fort soumis aux commandements de l'Église, et quoiqu'il fût fort avancé en âge, il ne mangeoit pas volontiers de la viande aux jours défendus, sans permission; car ce qu'il en mangea le samedi d'après la Chandeleur, ce fut par mégarde. Il alloit à la messe toutes les fêtes et tous les dimanches, et ne manquoit point à se confesser et communier à Pâques, en sa paroisse. Il parloit toujours de Dieu et des choses saintes avec grand respect, et un de ses amis lui fit un jour avouer devant Racan qu'il avoit une fois fait vœu d'aller d'Aix à la Sainte-Baume tête nue, pour la maladie de sa femme. Néanmoins il lui échappoit quelquefois de dire que la religion des honnêtes gens étoit celle de leur prince; et il avoit souvent ces mots à la bouche, à l'exemple de M. Coeffeteau[1] : *Bonus animus, bonus Deus, bonus cultus*. C'est pourquoi Racan s'enquit fort soigneusement de quelle sorte il étoit mort. Il apprit que celui qui l'acheva de résoudre à se confesser fut Yvrande, gentilhomme qui avoit été nourri page de la grande écurie, et qui étoit son écolier en poésie, aussi bien que Racan. Ce qu'il lui dit pour le persuader de recevoir les sacrements fut qu'ayant toujours fait profession de vivre comme les autres hommes, il falloit mourir aussi comme les autres; et M. de Malherbe lui demandant ce que cela vouloit dire, Yvrande lui dit que quand les autres mouroient, ils se confessoient, communioient et recevoient les autres sacrements de l'Église. M. de Malherbe avoua qu'il

1. Coeffeteau, évêque de Marseille, né en 1574, mort en 1623.

avoit raison, et envoya querir le vicaire de Saint-Germain, qui l'assista jusques à la mort.

On dit qu'une heure avant que de mourir, après avoir été deux heures à l'agonie, il se réveilla comme en sursaut pour reprendre son hôtesse, qui lui servoit de garde, d'un mot qui n'étoit pas bien françois à son gré; et comme son confesseur lui en fit réprimande, il lui dit qu'il ne pouvoit s'en empêcher, et qu'il vouloit jusques à la mort maintenir la pureté de la langue françoise.

ŒUVRES POÉTIQUES
DE MALHERBE.

I

SUR LE PORTRAIT D'ÉTIENNE PASQUIER QUI N'AVOIT POINT DE MAINS.

(1610[1].)

Il ne faut qu'avec le visage
L'on tire tes mains au pinceau :
Tu les montres dans ton ouvrage,
Et les caches dans le tableau.

---

[1]. Les poésies sont placées dans l'ordre de la composition. Les chiffres à la suite de chaque titre indiquent la date de la première publication.

II

STANCES (1611).

Si des maux renaissants avec ma patience
N'ont pouvoir d'arrêter un esprit si hautain,
Le temps est médecin d'heureuse expérience ;
Son remède est tardif, mais il est bien certain.

Le temps à mes douleurs promet une allégeance,
Et de voir vos beautés se passer quelque jour ;
Lors je serai vengé, si j'ai de la vengeance
Pour un si beau sujet pour qui j'ai tant d'amour.

Vous aurez un mari sans être guère aimée,
Ayant de ses desirs amorti le flambeau ;
Et de cette prison de cent chaînes fermée
Vous n'en sortirez point que par l'huis du tombeau.

Tant de perfections qui vous rendent superbe,
Les restes du mari, sentiront le reclus ;

Et vos jeunes beautés floriront comme l'herbe,
Que l'on a trop foulée et qui ne fleurit plus.

Vous aurez des enfants des douleurs incroyables,
Qui seront près de vous et crieront à l'entour ;
Lors fuiront de vos yeux les soleils agréables,
Y laissant pour jamais des étoiles autour.

Si je passe en ce temps dedans votre province,
Vous voyant sans beauté et moi rempli d'honneur,
Car peut-être qu'alors les bienfaits d'un grand Prince
Marieront ma fortune avecque le bonheur,

Ayant un souvenir de ma peine fidèle,
Mais n'ayant point à l'heure autant que j'ai d'ennuis,
Je dirai : « Autrefois cette femme fut belle,
Et je fus d'autre fois plus sot que je ne suis. »

III

LES LARMES DE SAINT PIERRE,

imitées du Tansille[1].

AU ROI (1587).

Ce n'est pas en mes vers qu'une amante abusée
Des appas enchanteurs d'un parjure Thésée,
Après l'honneur ravi de sa pudicité,
Laissée ingratement en un bord solitaire,
Fait de tous les assauts que la rage peut faire
Une fidèle preuve à l'infidélité.

Les ondes que j'épands d'une éternelle veine
Dans un courage saint ont leur sainte fontaine;
Où l'amour de la terre, et le soin de la chair
Aux fragiles pensers ayant ouvert la porte,

---

1. Le poëme de Luigi Tansillo (né à Nola, mort en 1569) est intitulé : *Le Lagrime di San Pietro*.

Une plus belle amour se rendit la plus forte,
Et le fit repentir aussitôt que pécher.

Henri, de qui les yeux et l'image sacrée
Font un visage d'or à cette âge ferrée,
Ne refuse à mes vœux un favorable appui ;
Et si pour ton autel ce n'est chose assez grande,
Pense qu'il est si grand, qu'il n'auroit point d'offrande
S'il n'en recevoit point que d'égales à lui.

La foi qui fut au cœur d'où sortirent ces larmes,
Est le premier essai de tes premières armes ;
Pour qui tant d'ennemis à tes pieds abattus,
Pâles ombres d'enfer, poussière de la terre,
Ont connu ta fortune, et que l'art de la guerre
A moins d'enseignements que tu n'as de vertus.

De son nom de rocher, comme d'un bon augure,
Un éternel état l'Église se figure ;
Et croit, par le destin de tes justes combats,
Que ta main relevant son épaule courbée,
Un jour, qui n'est pas loin, elle verra tombée
La troupe qui l'assaut, et la veut mettre bas[1].

Mais le coq a chanté pendant que je m'arrête
A l'ombre des lauriers qui t'embrassent la tête,
Et la source déjà commençant à s'ouvrir
A lâché les ruisseaux qui font bruire leur trace,
Entre tant de malheurs estimant une grâce,

---

1. *La troupe qui l'assaut*, etc., les huguenots.

Qu'un Monarque si grand les regarde courir.

Ce miracle d'amour, ce courage invincible,
Qui n'espéroit jamais une chose possible
Que rien finît sa foi que le même trépas,
De vaillant fait couard, de fidèle fait traître,
Aux portes de la peur abandonne son maître,
Et jure impudemment qu'il ne le connoît pas.

A peine la parole avoit quitté sa bouche,
Qu'un regret aussi prompt en son âme le touche ;
Et mesurant sa faute à la peine d'autrui,
Voulant faire beaucoup, il ne peut davantage
Que soupirer tout bas, et se mettre au visage
Sur le feu de sa honte une cendre d'ennui.

Les arcs qui de plus près sa poitrine joignirent,
Les traits qui plus avant dans le sein l'atteignirent,
Ce fut quand du Sauveur il se vit regardé ;
Les yeux furent les arcs, les œillades les flèches,
Qui percèrent son âme, et remplirent de brèches
Le rempart qu'il avoit si lâchement gardé.

Cet assaut, comparable à l'éclat d'une foudre,
Pousse et jette d'un coup ses défenses en poudre ;
Ne laissant rien chez lui, que le même penser
D'un homme qui tout nu[1] de glaive et de courage
Voit de ses ennemis la menace et la rage,
Qui le fer en la main le viennent offenser.

1. *Tout nu*, c'est-à-dire *dénué*.

Ces beaux yeux souverains, qui traversent la terre
Mieux que les yeux mortels ne traversent le verre,
Et qui n'ont rien de clos à leur juste courroux,
Entrent victorieux en son âme étonnée,
Comme dans une place au pillage donnée,
Et lui font recevoir plus de morts que de coups.

La mer a dans le sein moins de vagues courantes,
Qu'il n'a dans le cerveau de formes différentes,
Et n'a rien toutefois qui le mette en repos ;
Car aux flots de la peur sa navire qui tremble
Ne trouve point de port, et toujours il lui semble
Que des yeux de son maître il entend ce propos :

« Eh bien, où maintenant est ce brave langage ?
Cette roche de foi ? cet acier de courage ?
Qu'est le feu de ton zèle au besoin devenu ?
Où sont tant de serments qui juraient une fable ?
Comme tu fus menteur, suis-je pas véritable ?
Et que t'ai-je promis qui ne soit advenu ?

« Toutes les cruautés de ces mains qui m'attachent,
Le mépris effronté que ces bourreaux me crachent,
Les preuves que je fais de leur impiété,
Pleines également de fureur et d'ordure,
Ne me sont une pointe aux entrailles si dure,
Comme le souvenir de ta déloyauté.

« Je sais bien qu'au danger les autres de ma suite
Ont eu peur de la mort, et se sont mis en fuite ;
Mais toi, que plus que tous j'aimai parfaitement,
Pour rendre en me niant ton offense plus grande,

Tu suis mes ennemis, t'assembles à leur bande,
Et des maux qu'ils me font prends ton ébattement. »

Le nombre est infini des paroles empreintes
Que regarde l'Apôtre en ces lumières saintes ;
Et celui seulement que sous une beauté
Les feux d'un œil humain ont rendu tributaire,
Jugera sans mentir quel effet a pu faire
Des rayons immortels l'immortelle clarté.

Il est bien assuré que l'angoisse qu'il porte
Ne s'emprisonne pas sous les clefs d'une porte,
Et que de tous côtés elle suivra ses pas ;
Mais pour ce qu'il la voit dans les yeux de son maître,
Il se veut absenter, espérant que peut-être
Il la sentira moins en ne la voyant pas.

La place lui déplaît, où la troupe maudite
Son Seigneur attaché par outrage dépite ;
Et craint tant de tomber en un autre forfait,
Qu'il estime déjà ses oreilles coupables
D'entendre ce qui sort de leurs bouches damnables,
Et ses yeux d'assister aux tourments qu'on lui fait.

Il part, et la douleur qui d'un morne silence
Entre les ennemis couvroit sa violence,
Comme il se voit dehors a si peu de combats,
Qu'il demande tout haut que le sort favorable
Lui fasse rencontrer un ami secourable,
Qui touché de pitié lui donne le trépas.

En ce piteux état il n'a rien de fidèle

Que sa main, qui le guide où l'orage l'appelle ;
Ses pieds comme ses yeux ont perdu la vigueur ;
Il a de tout conseil son âme dépourvue,
Et dit en soupirant que la nuit de sa vue
Ne l'empêche pas tant que la nuit de son cœur.

Sa vie auparavant si chèrement gardée,
Lui semble trop longtemps ici-bas retardée ;
C'est elle qui le fâche, et le fait consumer ;
Il la nomme parjure, il la nomme cruelle,
Et toujours se plaignant que sa faute vient d'elle,
Il n'en veut faire compte, et ne la peut aimer.

« Va, laisse-moi, dit-il, va, déloyale vie ;
Si de te retenir autrefois j'eus envie,
Et si j'ai desiré que tu fusses chez moi,
Puisque tu m'as été si mauvaise compagne,
Ton infidèle foi maintenant je dédaigne,
Quitte-moi, je te prie, je ne veux plus de toi.

« Sont-ce tes beaux desseins, mensongère et méchante,
Qu'une seconde fois ta malice m'enchante,
Et que pour retarder une heure seulement
La nuit déjà prochaine à ta courte journée,
Je demeure en danger que l'âme, qui est née
Pour ne mourir jamais, meure éternellement?

« Non, ne m'abuse plus d'une lâche pensée ;
Le coup encore frais de ma chute passée
Me doit avoir appris à me tenir debout,
Et savoir discerner de la trêve la guerre,

Des richesses du ciel les fanges de la terre,
Et d'un bien qui s'envole un qui n'a point de bout.

« Si quelqu'un d'aventure en délices abonde,
Il se perd aussitôt et déloge du monde ;
Qui te porte amitié, c'est à lui que tu nuis ;
Ceux qui te veulent mal, sont ceux que tu conserves,
Tu vas à qui te fuit, et toujours le réserves
A souffrir en vivant davantage d'ennuis.

« On voit par ta rigueur tant de blondes jeunesses,
Tant de riches grandeurs, tant d'heureuses vieillesses,
En fuyant le trépas au trépas arriver ;
Et celui qui chétif aux misères succombe,
Sans vouloir autre bien que le bien de la tombe,
N'ayant qu'un jour à vivre, il ne peut l'achever.

« Que d'hommes fortunés en leur âge première,
Trompés de l'inconstance à nos ans coutumière,
Du depuis se sont vus en étrange langueur !
Qui fussent morts contents, si le ciel amiable
Ne les abusant pas en son sein variable,
Au temps de leur repos eût coupé ta longueur.

« Quiconque de plaisir a son âme assouvie,
Plein d'honneur et de bien, non sujet à l'envie,
Sans jamais en son aise un malaise éprouver,
S'il demande à ses jours davantage de terme,
Que fait-il, ignorant, qu'attendre de pied ferme
De voir à son beau temps un orage arriver ?

« Et moi, si de mes jours l'importune durée

Ne m'eût en vieillissant la cervelle empirée,
Ne devois-je être sage, et me ressouvenir
D'avoir vu la lumière aux aveugles rendue,
Rebailler aux muets la parole perdue,
Et faire dans les corps les âmes revenir ?

« De ces faits non communs la merveille profonde,
Qui par la main d'un seul étonnoit tout le monde,
Et tant d'autres encor, me devoient avertir
Que si pour leur auteur j'endurois de l'outrage,
Le même qui les fit, en faisant davantage,
Quand on m'offenseroit, me pouvoit garantir.

« Mais troublé par les ans, j'ai souffert que la crainte,
Loin encore du mal, ait découvert ma feinte ;
Et sortant promptement de mon sens et de moi,
Ne me suis aperçu qu'un destin favorable
M'offroit en ce danger un sujet honorable
D'acquérir par ma perte un triomphe à ma foi.

« Que je porte d'envie à la troupe innocente
De ceux qui massacrés d'une main violente
Virent dès le matin leur beau jour accourci ;
Le fer qui les tua leur donna cette grâce,
Que si de faire bien ils n'eurent pas l'espace,
Ils n'eurent pas le temps de faire mal aussi.

« De ces jeunes guerriers la flotte vagabonde
Alloit courre fortune aux orages du monde,
Et déjà pour voguer abandonnoit le bord,

Quand l'aguet[1] d'un pirate arrêta leur voyage ;
Mais leur sort fut si bon, que d'un même naufrage
Ils se virent sous l'onde, et se virent au port.

« Ce furent de beaux lis, qui mieux que la nature
Mêlant à leur blancheur l'incarnate peinture
Que tira de leur sein le couteau criminel,
Devant que d'un hiver la tempête et l'orage
A leur teint délicat pussent faire dommage,
S'en allèrent fleurir au printemps éternel.

« Ces enfants bienheureux (créatures parfaites,
Sans l'imperfection de leurs bouches muettes)
Ayant Dieu dans le cœur ne le purent louer,
Mais leur sang leur en fut un témoin véritable ;
Et moi pouvant parler, j'ai parlé, misérable,
Pour lui faire vergogne, et le désavouer.

« Le peu qu'ils ont vécu leur fut grand avantage,
Et le trop que je vis ne me fait que dommage.
Cruelle occasion du souci qui me nuit !
Quand j'avois de ma foi l'innocence première,
Si la nuit de la mort m'eût privé de lumière,
Je n'aurois pas la peur d'une immortelle nuit.

« Ce fut en ce troupeau que venant à la guerre
Pour combattre l'enfer, et défendre la terre,
Le Sauveur inconnu sa grandeur abaissa ;
Par eux il commença la première mêlée,

L'aguet, l'embuscade.

Et furent eux aussi que la rage aveuglée
Du contraire parti les premiers offensa.

« Qui voudra se vanter avec eux se compare,
D'avoir reçu la mort par un glaive barbare,
Et d'être allé soi-même au martyre s'offrir ;
L'honneur leur appartient d'avoir ouvert la porte
A quiconque osera d'une âme belle et forte
Pour vivre dans le ciel en la terre mourir.

« O desirable fin de leurs peines passées !
Leurs pieds qui n'ont jamais les ordures pressées,
Un superbe plancher des étoiles se font ;
Leur salaire payé les services précède,
Premier que d'avoir mal ils trouvent le remède,
Et devant le combat ont les palmes au front.

« Que d'applaudissements, de rumeur, et de presses,
Que de feux, que de jeux, que de traits de caresses,
Quand là-haut en ce point on les vit arriver !
Et quel plaisir encore à leur courage tendre,
Voyant Dieu devant eux en ses bras les attendre,
Et pour leur faire honneur les Anges se lever !

« Et vous, femmes, trois fois, quatre fois bienheureuses,
De ces jeunes amours les mères amoureuses,
Que faites-vous pour eux, si vous les regrettez ?
Vous fâchez leur repos, et vous rendez coupables,
Ou de n'estimer pas leurs trépas honorables,
Ou de porter envie à leurs félicités.

« Le soir fut avancé de leurs belles journées ;

Mais qu'eussent-ils gagné par un siècle d'années?
Ou que leur advint-il en ce vite départ,
Que laisser promptement une basse demeure,
Qui n'a rien que du mal, pour avoir de bonne heure
Aux plaisirs éternels une éternelle part?

« Si vos yeux pénétrant jusqu'aux choses futures
Vous pouvoient enseigner leurs belles aventures,
Vous auriez tant de bien en si peu de malheurs,
Que vous ne voudriez [1] pas pour l'empire du monde
N'avoir eu dans le sein la racine féconde
D'où naquit entre nous ce miracle de fleurs.

« Mais moi, puisque les lois me défendent l'outrage
Qu'entre tant de langueurs me commande la rage,
Et qu'il ne faut soi-même éteindre son flambeau ;
Que m'est-il demeuré pour conseil et pour armes,
Que d'écouler ma vie en un fleuve de larmes,
Et la chassant de moi l'envoyer au tombeau ?

« Je sais bien que ma langue ayant commis l'offense,
Mon cœur incontinent en a fait pénitence.
Mais quoi? si peu de cas ne me rend satisfait.
Mon regret est si grand, et ma faute si grande,
Qu'une mer éternelle à mes yeux je demande
Pour pleurer à jamais le péché que j'ai fait. »

Pendant que le chétif en ce point se lamente,
S'arrache les cheveux, se bat et se tourmente,

---

1. *Voudriez*, en deux syllabes.

En tant d'extrémités cruellement réduit,
Il chemine toujours, mais rêvant à sa peine,
Sans donner à ses pas une règle certaine,
Il erre vagabond où le pied le conduit.

A la fin égaré (car la nuit qui le trouble
Par les eaux de ses pleurs son ombrage redouble),
Soit un cas d'aventure, ou que Dieu l'ait permis,
Il arrive au jardin, où la bouche du traître,
Profanant d'un baiser la bouche de son maitre,
Pour en priver les bons aux méchants l'a remis.

Comme un homme dolent, que le glaive contraire
A privé de son fils et du titre de père,
Plaignant deçà delà son malheur advenu,
S'il arrive en la place où s'est fait le dommage,
L'ennui renouvelé plus rudement l'outrage
En voyant le sujet à ses yeux revenu.

Le vieillard, qui n'attend une telle rencontre,
Sitôt qu'au dépourvu sa fortune lui montre
Le lieu qui fut témoin d'un si lâche méfait,
De nouvelles fureurs se déchire et s'entame,
Et de tous les pensers qui travaillent son âme
L'extrême cruauté plus cruelle se fait.

Toutefois il n'a rien qu'une tristesse peinte,
Ses ennuis sont des jeux, son angoisse une feinte,
Son malheur un bonheur, et ses larmes un ris,
Au prix de ce qu'il sent quand sa vue abaissée
Remarque les endroits où la terre pressée

A des pieds du Sauveur les vestiges écrits.

C'est alors que ses cris en tonnerre s'éclatent,
Ses soupirs se font vents qui les chênes combattent,
Et ses pleurs, qui tantôt descendoient mollement,
Ressemblent un torrent qui des hautes montagnes
Ravageant et noyant les voisines campagnes,
Veut que tout l'univers ne soit qu'un élément.

Il y fiche ses yeux, il les baigne, il les baise,
Il se couche dessus, et seroit à son aise,
S'il pouvoit avec eux à jamais s'attacher.
Il demeure muet du respect qu'il leur porte ;
Mais enfin la douleur se rendant la plus forte,
Lui fait encore un coup une plainte arracher.

« Pas adorés de moi, quand par accoutumance
Je n'aurois comme j'ai de vous la connoissance,
Tant de perfections vous découvrent assez ;
Vous avez une odeur des parfums d'Assyrie,
Les autres ne l'ont pas, et la terre flétrie
Est belle seulement où vous êtes passés.

« Beaux pas de ces seuls pieds que les astres connoissent,
Comme ores à mes yeux vos marques apparoissent !
Telle autrefois de vous la merveille me prit,
Quand déjà demi-clos sous la vague profonde,
Vous ayant appelés, vous affermîtes l'onde,
Et m'assurant les pieds m'étonnâtes l'esprit.

« Mais, ô de tant de biens indigne récompense !

O dessus les sablons inutile semence!
Une peur, ô Seigneur! m'a séparé de toi;
Et d'une âme semblable à la mienne parjure,
Tous ceux qui furent tiens, s'ils ne t'ont fait injure,
Ont laissé ta présence, et t'ont manqué de foi.

« De douze, deux fois cinq étonnés de courage,
Par une lâche fuite évitèrent l'orage,
Et tournèrent le dos quand tu fus assailli;
L'autre qui fut gagné d'une sale avarice,
Fit un prix de ta vie à l'injuste supplice,
Et l'autre en te niant plus que tous a failli.

« C'est chose à mon esprit impossible à comprendre,
Et nul autre que toi ne me la peut apprendre,
Comme a pu ta bonté nos outrages souffrir.
Et qu'attend plus de nous ta longue patience,
Sinon qu'à l'homme ingrat la seule conscience
Doive être le couteau qui le fasse mourir?

« Toutefois tu sais tout, tu connois qui nous sommes,
Tu vois quelle inconstance accompagne les hommes,
Faciles à fléchir quand il faut endurer.
Si j'ai fait comme un homme en faisant une offense,
Tu feras comme Dieu d'en laisser la vengeance,
Et m'ôter un sujet de me désespérer.

« Au moins si les regrets de ma faute avenue
M'ont de ton amitié quelque part retenue,
Pendant que je me trouve au milieu de tes pas,
Desireux de l'honneur d'une si belle tombe,

Afin qu'en autre part ma dépouille ne tombe,
Puisque ma fin est près, ne la recule pas. »

En ces propos mourants ses complaintes se meurent,
Mais vivantes sans fin ses angoisses demeurent,
Pour le faire en langueur à jamais consumer.
Tandis la nuit s'en va, ses lumières s'éteignent,
Et déjà devant lui les campagnes se peignent
Du safran que le jour apporte de la mer.

L'Aurore d'une main, en sortant de ses portes,
Tient un vase de fleurs languissantes et mortes,
Elle verse de l'autre une cruche de pleurs,
Et d'un voile tissu de vapeur et d'orage,
Couvrant ses cheveux d'or, découvre en son visage
Tout ce qu'une âme sent de cruelles douleurs.

Le soleil qui dédaigne une telle carrière,
Puisqu'il faut qu'il déloge, éloigne sa barrière;
Mais comme un criminel qui chemine au trépas,
Montrant que dans le cœur ce voyage le fâche,
Il marche lentement, et desire qu'on sache
Que si ce n'étoit force il ne le feroit pas.

Ses yeux par un dépit en ce monde regardent;
Ses chevaux tantôt vont, et tantôt se retardent,
Eux-mêmes ignorants de la course qu'ils font;
Sa lumière pâlit, sa couronne se cache;
Aussi n'en veut-il pas, cependant qu'on attache
A celui qui l'a fait des épines au front.

Au point accoutumé les oiseaux qui sommeillent,

Apprêtés à chanter dans les bois se réveillent;
Mais voyant ce matin des autres différent,
Remplis d'étonnement ils ne daignent paroître,
Et font, à qui les voit, ouvertement connoître
De leur peine secrète un regret apparent.

Le jour est déjà grand, et la honte plus claire
De l'apôtre ennuyé l'avertit de se taire;
Sa parole se lasse, et le quitte au besoin;
Il voit de tous côtés qu'il n'est vu de personne,
Toutefois le remords que son âme lui donne
Témoigne assez le mal qui n'a point de témoin.

Aussi l'homme qui porte une âme belle et haute,
Quand seul en une part[1] il a fait une faute,
S'il n'a de jugement son esprit dépourvu,
Il rougit de lui-même, et combien qu'il ne sente
Rien que le ciel présent et la terre présente,
Pense qu'en se voyant tout le monde l'a vu.

1. *En une part*, quelque part.

IV

ÉPITAPHE DE MONSIEUR D'IS, PARENT DE L'AUTEUR,
ET DE QUI L'AUTEUR ÉTOIT HÉRITIER [1].

(1666.)

Ici dessous gît Monsieur d'Is.
Plût or à Dieu qu'ils fussent dix !
Mes trois sœurs, mon père et ma mère ;
Le grand Éléazar, mon frère ;
Mes trois tantes, et Monsieur d'Is.
Vous les nommé-je pas tous dix ?

1. Ménage, qui a publié ce sixain le premier, lui a donné ce titre. Mais M. d'Is ou d'Ifs avait une fille, et par conséquent Malherbe n'était pas son héritier.

V

POUR MONSIEUR DE MONTPENSIER, A MADAME
DEVANT SON MARIAGE[1].

STANCES (1603).

Beau ciel par qui mes jours sont troubles ou sont calmes,
Seule terre où je prends mes cyprès et mes palmes,
Catherine, dont l'œil ne luit que pour les Dieux,
Punissez vos beautés plutôt que mon courage,
Si trop haut s'élevant il adore un visage
Adorable par force à quiconque a des yeux.

Je ne suis pas ensemble aveugle et téméraire,
Je connois bien l'erreur que l'amour m'a fait faire,
Cela seul ici-bas surpassoit mon effort ;
Mais mon âme qu'à vous ne peut être asservie,

---

1. Il s'agissait du mariage du duc de Montpensier avec Catherine de Bourbon, sœur de Henri IV. Ce mariage n'eut pas lieu ; Catherine épousa le duc de Bar, et le duc de Montpensier, Henriette-Marie de Joyeuse.

Les destins n'ayant point établi pour ma vie
Hors de cet Océan de naufrage ou de port.

Beauté, par qui les Dieux las de notre dommage
Ont voulu réparer les défauts de notre âge,
Je mourrai dans vos feux, éteignez-les ou non,
Comme le fils d'Alcmène en me brûlant moi-même;
Il suffit qu'en mourant dans cette flamme extrême,
Une gloire éternelle accompagne mon nom.

On ne doit point sans sceptre aspirer où j'aspire :
C'est pourquoi, sans quitter les lois de votre empire,
Je veux de mon esprit tout espoir rejeter.
Qui cesse d'espérer, il cesse aussi de craindre,
Et sans atteindre au but où l'on ne peut atteindre,
Ce m'est assez d'honneur que j'y voulois monter.

Je maudis le bonheur où le ciel m'a fait naître,
Qui m'a fait desirer ce qu'il m'a fait connoître;
Il faut ou vous aimer, ou ne vous faut point voir.
L'astre qui luit aux grands en vain à ma naissance
Épandit dessus moi tant d'heur et de puissance,
Si pour ce que je veux j'ai trop peu de pouvoir.

Mais il le faut vouloir, et vaut mieux se résoudre
En aspirant au ciel être frappé de foudre,
Qu'aux desseins de la terre assuré se ranger.
J'ai moins de repentir, plus je pense à ma faute,
Et la beauté des fruits d'une palme si haute
Me fait par le desir oublier le danger.

VI

AU ROI HENRI LE GRAND, SUR LA PRISE DE MARSEILLE.

ODE [1].

Enfin après tant d'années,
Voici l'heureuse saison
Où nos misères bornées
Vont avoir leur guérison.

1. La ville de Marseille, tombée au pouvoir de la Ligue dès 1589, avait été, à peu près depuis cette époque, gouvernée despotiquement par Louis d'Aix, viguier, et Charles Casault (ou Casaux), premier consul, qui s'étaient fait continuer dans leurs fonctions. Ils avaient projeté de vendre la ville aux Espagnols, lorsque deux frères, Pierre et Barthélemy de Libertat, la livrèrent, dans la nuit du 16 au 17 février 1596, aux troupes du Roi, commandées par le duc de Guise, gouverneur de Provence. Casault fut tué; son fils et Louis d'Aix parvinrent à s'échapper. « En moins d'une heure et demie, dit Palma Cayet, cette ville qui étoit presque espagnole redevint toute françoise. » Pierre de Libertat, nommé viguier perpétuel et gratifié de cinquante mille écus, mourut l'année suivante, empoisonné, dit-on, par les ligueurs.

Malherbe, qui ne vint s'établir à Paris qu'après juillet 1605,

Les Dieux longs à se résoudre
Ont fait un coup de leur foudre,
Qui montre aux ambitieux,
Que les fureurs de la terre
Ne sont que paille et que verre
A la colère des cieux.

Peuples, à qui la tempête,
A fait faire tant de vœux,
Quelles fleurs à cette fête
Couronneront vos cheveux?
Quelle victime assez grande
Donnerez-vous pour offrande?
Et quel Indique séjour
Une perle fera naître
D'assez de lustre, pour être
La marque d'un si beau jour?

Cet effroyable colosse,
Casaux, l'appui des mutins,
A mis le pied dans la fosse
Que lui cavoient[1] les destins.
Il est bas, le parricide;
Un Alcide fils d'Alcide[2],
A qui la France a prêté
Son invincible génie,
A coupé sa tyrannie

était, suivant Ménage, encore en Provence quand il fit cette ode, imprimée pour la première fois dans l'édition de 1630.

1. *Cavoient*, creusaient.
2. Charles de Lorraine, duc de Guise. Il était fils du duc Henri, assassiné à Blois.

D'un glaive de liberté[1].

Les aventures du monde
Vont d'un ordre mutuel,
Comme on voit au bord de l'onde
Un reflux perpétuel.
L'aise et l'ennui de la vie
Ont leur course entre-suivie
Aussi naturellement
Que le chaud et la froidure,
Et rien, afin que tout dure,
Ne dure éternellement.

Cinq ans Marseille volée
A son juste possesseur,
Avoit langui désolée
Aux mains de cet oppresseur.
Enfin le temps l'a remise
En sa première franchise ;
Et les maux qu'elle enduroit
Ont eu ce bien pour échange,
Qu'elle a vu parmi la fange
Fouler ce qu'elle adoroit.

Déjà tout le peuple More
A ce miracle entendu ;
A l'un et l'autre bosphore
Le bruit en est répandu ;
Toutes les plaines le savent

---

1. Allusion au nom de Libertat.

Que l'Inde et l'Euphrate lavent ;
Et déjà pâle d'effroi
Memphis se pense captive,
Voyant si près de sa rive
Un neveu de Godefroi[1].

---

1. Les princes lorrains prétendaient descendre de Godefroi de Bouillon.

VII

SUR LE MÊME SUJET.

ODE (1630).

Soit que de tes lauriers la grandeur poursuivant
D'un cœur où l'ire juste et la gloire commande,
Tu passes comme un foudre en la terre Flamande,
D'Espagnols abattus la campagne pavant;
  Soit qu'en sa dernière tête
  L'Hydre civile t'arrête,
  Roi, que je verrai jouir
  De l'Empire de la terre,
  Laisse le soin de la guerre,
  Et pense à te réjouir.

Nombre tous les succès où ta fatale main,
Sous l'appui du bon droit aux batailles conduite,
De tes peuples mutins la malice a détruite,
Par un heur éloigné de tout penser humain;
  Jamais tu n'as vu journée

De si douce destinée;
Non celle[1] où tu rencontras
Sur la Dordogne en désordre
L'orgueil à qui tu fis mordre
La poussière de Coutras[2].

Casaux, ce grand Titan qui se moquoit des cieux,
A vu par le trépas son audace arrêtée,
Et sa rage infidèle, aux étoiles montée,
Du plaisir de sa chute a fait rire nos yeux.

. . . .
. . . .

Ce dos chargé de pourpre, et rayé de clinquants,
A dépouillé sa gloire au milieu de la fange,
Les Dieux qu'il ignoroit ayant fait cet échange
Pour venger en un jour ses crimes de cinq ans.
    La mer en cette furie
    A peine a sauvé Dorie[3];
    Et le funeste remords
    Que fait la peur des supplices,
    A laissé tous ses complices
    Plus morts que s'ils étoient morts.

1. *Non celle*, pas même celle.
2. La bataille de Coutras, où fut vaincu et tué le duc de Joyeuse, se livra le 20 octobre 1587.
3. C. Doria commandait sept galères espagnoles qu'au mois de décembre 1595 Casault avait introduites dans le port de Marseille.

VIII

VICTOIRE DE LA CONSTANCE.

STANCES (1597).

Enfin cette beauté m'a la place rendue
Que d'un siége si long elle avoit défendue;
Mes vainqueurs sont vaincus; ceux qui m'ont fait la loi
    La reçoivent de moi.

J'honore tant la palme acquise en cette guerre,
Que si victorieux des deux bouts de la terre
J'avois mille lauriers de ma gloire témoins,
    Je les priserois moins.

Au repos où je suis tout ce qui me travaille,
C'est la doute que j'ai qu'un malheur ne m'assaille,
Qui me sépare d'elle, et me fasse lâcher
    Un bien que j'ai si cher.

Il n'est rien ici-bas d'éternelle durée.
Une chose qui plaît n'est jamais assurée ;
L'épine suit la rose, et ceux qui sont contents
    Ne le sont pas longtemps.

Et puis qui ne sait point que la mer amoureuse
En sa bonace même est souvent dangereuse ;
Et qu'on y voit toujours quelques nouveaux rochers,
    Inconnus aux nochers ?

Déjà de toutes parts tout le monde m'éclaire[1] ;
Et bientôt les jaloux ennuyés de se taire,
Si les vœux que je fais n'en détournent l'assaut,
    Vont médire tout haut.

Peuple qui me veux mal, et m'imputes à vice
D'avoir été payé d'un fidèle service,
Où trouves-tu qu'il faille avoir semé son bien,
    Et ne recueillir rien ?

Voudrois-tu que ma dame, étant si bien servie,
Refusât le plaisir où l'âge la convie,
Et qu'elle eût des rigueurs à qui mon amitié
    Ne sût faire pitié ?

Ces vieux contes d'honneur, invisibles chimères,
Qui naissent aux cerveaux des maris et des mères,

---

1. *M'éclaire*, m'épie.

Étoient-ce impressions qui pussent aveugler
    Un jugement si clair?

Non, non, elle a bien fait de m'être favorable,
Voyant mon feu si grand, et ma foi si durable;
Et j'ai bien fait aussi d'asservir ma raison
    En si belle prison.

C'est peu d'expérience à conduire sa vie,
De mesurer son aise au compas de l'envie,
Et perdre ce que l'âge a de fleur et de fruit,
    Pour éviter un bruit.

De moi[1], que tout le monde à me nuire s'apprête,
Le ciel à tous ses traits fasse un but de ma tête;
Je me suis résolu d'attendre le trépas,
    Et ne la quitter pas.

Plus j'y vois de hasard, plus j'y trouve d'amorce;
Où le danger est grand, c'est là que je m'efforce;
En un sujet aisé moins de peine apportant,
    Je ne brûle pas tant.

Un courage élevé toute peine surmonte;
Les timides conseils n'ont rien que de la honte;
Et le front d'un guerrier aux combats étonné
    Jamais n'est couronné.

---

1. *De moi*, pour moi, quant à moi.

Soit la fin de mes jours contrainte ou naturelle,
S'il plaît à mes Destins que je meure pour elle,
Amour en soit loué, je ne veux un tombeau
Plus heureux ni plus beau.

IX

CONSOLATION A CARITÉE[1] SUR LA MORT DE SON MARI.

(1600.)

Ainsi, quand Mausole fut mort,
Artémise accusa le sort,
De pleurs se noya le visage,
Et dit aux astres innocens
Tout ce que fait dire la rage,
Quand elle est maîtresse des sens.

Ainsi fut sourde au réconfort,
Quand elle eut trouvé dans le port
La perte qu'elle avoit songée,
Celle de qui les passions

---

1. Caritée était, suivant Ménage, qui paraît avoir eu de bonnes informations, la veuve d'un gentilhomme de Provence, nommé Lévêque, seigneur de Saint-Étienne.

Firent voir à la mer Égée
Le premier nid des Alcyons.

Vous n'êtes seule en ce tourment
Qui témoignez du sentiment,
O trop fidèle Caritée :
En toutes âmes l'amitié,
De mêmes ennuis agitée,
Fait les mêmes traits de pitié.

De combien de jeunes maris
En la querelle de Pâris
Tomba la vie entre les armes,
Qui fussent retournés un jour,
Si la mort se payoit de larmes,
A Mycènes faire l'amour !

Mais le destin qui fait nos lois,
Est jaloux qu'on passe deux fois
Au deçà du rivage blême;
Et les Dieux ont gardé ce don,
Si rare, que Jupiter même
Ne le sut faire à Sarpédon[1].

Pourquoi donc si peu sagement,
Démentant votre jugement,

---

1. On connaît dans la Fable deux héros du nom de Sarpédon. Tous deux avaient pour père Jupiter, qui accorda à l'un (fils d'Europe) de vivre trois âges d'homme, et qui ne put sauver l'autre (fils de Laodamie), tué par Patrocle au siége de Troie.

Passez-vous en cette amertume
Le meilleur de votre saison,
Aimant mieux plaindre par coutume,
Que vous consoler par raison?

Nature fait bien quelque effort,
Qu'on ne peut condamner qu'à tort;
Mais que direz-vous pour défendre
Ce prodige de cruauté,
Par qui vous semblez entreprendre
De ruiner votre beauté?

Que vous ont fait ces beaux cheveux,
Dignes objets de tant de vœux,
Pour endurer votre colère,
Et, devenus vos ennemis,
Recevoir l'injuste salaire
D'un crime qu'ils n'ont point commis?

Quelles aimables qualités
En celui que vous regrettez
Ont pu mériter qu'à vos roses
Vous ôtiez leur vive couleur,
Et livriez de si belles choses
A la merci de la douleur?

Remettez-vous l'âme en repos,
Changez ces funestes propos;
Et par la fin de vos tempêtes,
Obligeant tous les beaux esprits,
Conservez au siècle où vous êtes

Ce que vous lui donnez de prix.

Amour, autrefois en vos yeux
Plein d'appas si délicieux,
Devient mélancolique et sombre,
Quand il voit qu'un si long ennui
Vous fait consumer pour une ombre
Ce que vous n'avez que pour lui.

S'il vous ressouvient du pouvoir
Que ses traits vous ont fait avoir
Quand vos lumières[1] étoient calmes,
Permettez-lui de vous guérir,
Et ne différez point les palmes
Qu'il brûle de vous acquérir.

Le temps d'un insensible cours
Nous porte à la fin de nos jours ;
C'est à notre sage conduite,
Sans murmurer de ce défaut,
De nous consoler de sa fuite,
En le ménageant comme il faut.

---

1. *Vos lumières*, vos yeux. C'est le *lumina* des Latins.

X

DESSEIN DE QUITTER UNE DAME QUI NE LE CONTENTOIT QUE DE PROMESSE.

STANCES (1599).

Beauté, mon beau souci, de qui l'âme incertaine
A, comme l'Océan, son flux et son reflux,
Pensez de vous résoudre à soulager ma peine,
Ou je me vais résoudre à ne le souffrir plus.

Vos yeux ont des appas que j'aime et que je prise,
Et qui peuvent beaucoup dessus ma liberté ;
Mais pour me retenir, s'ils font cas de ma prise,
Il leur faut de l'amour autant que de beauté.

Quand je pense être au point que cela s'accomplisse,
Quelque excuse toujours en empêche l'effet ;
C'est la toile sans fin de la femme d'Ulysse,
Dont l'ouvrage du soir au matin se défait.

Madame, avisez-y, vous perdez votre gloire
De me l'avoir promis, et vous rire de moi ;
S'il ne vous en souvient, vous manquez de mémoire,
Et s'il vous en souvient, vous n'avez point de foi.

J'avois toujours fait compte, aimant chose si haute,
De ne m'en séparer qu'avecque le trépas ;
S'il arrive autrement, ce sera votre faute
De faire des serments et ne les tenir pas.

XI

CONSOLATION A MONSIEUR DU PÉRIER, GENTILHOMME D'AIX EN PROVENCE, SUR LA MORT DE SA FILLE [1].

STANCES (1607).

Ta douleur, du Périer, sera donc éternelle,
  Et les tristes discours
Que te met en l'esprit l'amitié paternelle
  L'augmenteront toujours?

---

1. François du Périer, fils de Laurent du Périer, avocat au parlement d'Aix, était un grand ami de Malherbe, qui en parle souvent dans ses lettres. Sa fille s'appelait Marguerite. On raconte que Malherbe avait d'abord écrit ainsi le vers 15 :

  Et Rosette a vécu ce que vivent les roses;

mais à l'imprimerie on déchiffra mal le manuscrit, et l'on mit *Roselle* au lieu de *Rosette*. En lisant l'épreuve à haute voix, le poëte fut frappé de ce changement et écrivit le vers tel qu'il est aujourd'hui. Nous ne savons où cette anecdote fort connue a été rapportée pour la première fois, mais elle nous semble démentie par la rédaction primitive du vers en question que nous donne une variante rapportée plus bas. L. LALANNE.

Le malheur de ta fille au tombeau descendue
  Par un commun trépas,
Est-ce quelque dédale, où ta raison perdue
  Ne se retrouve pas?

Je sais de quels appas son enfance étoit pleine,
  Et n'ai pas entrepris,
Injurieux ami, de soulager ta peine
  Avecque son mépris.

Mais elle étoit du monde, où les plus belles choses[1]
  Ont le pire destin;
Et rose elle a vécu ce que vivent les roses,
  L'espace d'un matin.

Puis quand ainsi seroit, que selon ta prière
  Elle auroit obtenu
D'avoir en cheveux blancs terminé sa carrière,
  Qu'en fût-il advenu?

Penses-tu que plus vieille en la maison céleste
  Elle eût eu plus d'accueil?
Ou qu'elle eût moins senti la poussière funeste,
  Et les vers du cercueil?

---

1. *Variante :*
  Mais elle étoit du monde, où les plus belles choses
    Font le moins de séjour,
  Et ne pouvoit Rosette être mieux que les roses
    Qui ne vivent qu'un jour.

Non, non, mon du Périer, aussitôt que la Parque
  Ote l'âme du corps,
L'âge s'évanouit au deçà de la barque,
  Et ne suit point les morts.

Tithon n'a plus les ans qui le firent cigale;
  Et Pluton aujourd'hui,
Sans égard du passé, les mérites égale
  D'Archémore et de lui[1].

Ne te lasse donc plus d'inutiles complaintes;
  Mais sage à l'avenir,
Aime une ombre comme ombre, et des cendres éteintes
  Éteins le souvenir.

C'est bien, je le confesse, une juste coutume,
  Que le cœur affligé,
Par le canal des yeux vidant son amertume,
  Cherche d'être allégé.

Même quand il advient que la tombe sépare
  Ce que nature a joint,
Celui qui ne s'émeut a l'âme d'un barbare,
  Ou n'en a du tout point.

---

1. Tithon, aimé de l'Aurore, obtint d'elle l'immortalité; mais il avait oublié de lui demander en même temps une jeunesse éternelle. Aussi, plus tard, pour le consoler de sa décrépitude, elle ne vit d'autre moyen que de le changer en cigale. Opheltès, fils de Lycurgue, roi de Némée, mourut en bas âge, et les sept chefs qui allaient assiéger Thèbes, ayant été involontairement cause de sa mort, instituèrent en son honneur les jeux néméens, et le surnommèrent *Archémore*.

Mais d'être inconsolable, et dedans sa mémoire
  Enfermer un ennui,
N'est-ce pas se haïr pour acquérir la gloire
  De bien aimer autrui?

Priam, qui vit ses fils abattus par Achille,
  Dénué de support,
Et hors de tout espoir du salut de sa ville,
  Reçut du réconfort.

François, quand la Castille, inégale à ses armes,
  Lui vola son Dauphin [1],
Sembla d'un si grand coup devoir jeter des larmes,
  Qui n'eussent point de fin.

Il les sécha pourtant, et comme un autre Alcide
  Contre fortune instruit,
Fit qu'à ses ennemis d'un acte si perfide
  La honte fut le fruit.

Leur camp, qui la Durance avoit presque tarie
  De bataillons épais,
Entendant sa constance eut peur de sa furie,
  Et demanda la paix [2].

---

1. François, fils aîné de François Ier, né en 1517, mort en 1536. Sa mort assez soudaine fit croire qu'il avait été empoisonné, à l'instigation de Charles-Quint, et Sébastien de Montecuculli, gentilhomme ferrarais et son échanson, expia par un affreux supplice ces soupçons, qui n'avaient aucune espèce de fondement.

 Charles-Quint, après avoir envahi la Provence en juillet 1536 et assiégé Marseille, fut forcé, au mois de septembre, d'opérer

De moi, déjà deux fois d'une pareille foudre
  Je me suis vu perclus[1],
Et deux fois la raison m'a si bien fait résoudre,
  Qu'il ne m'en souvient plus.

Non qu'il ne me soit grief que la terre possède
  Ce qui me fut si cher ;
Mais en un accident qui n'a point de remède,
  Il n'en faut point chercher.

La Mort a des rigueurs à nulle autre pareilles ;
  On a beau la prier,
La cruelle qu'elle est se bouche les oreilles,
  Et nous laisse crier.

Le pauvre en sa cabane, où le chaume le couvre,
  Est sujet à ses lois ;
Et la garde qui veille aux barrières du Louvre
  N'en défend point nos rois.

De murmurer contre elle, et perdre patience,
  Il est mal à propos ;
Vouloir ce que Dieu veut, est la seule science
  Qui nous met en repos.

---

une retraite désastreuse, et, l'année suivante, de conclure un armistice transformé en 1538 en une trêve de dix ans.

1. Malherbe, à cette époque, avait perdu deux enfants : Henri, mort le 29 octobre 1587, et Jourdaine, le 23 juin 1599. Son troisième et dernier enfant ne vint au monde que dix-sept mois après la mort de Jourdaine.

XII

A LA REINE, MÈRE DU ROI, SUR SA BIENVENUE
EN FRANCE.

ODE PRÉSENTÉE A SA MAJESTÉ, A AIX, L'ANNÉE 1600.

Peuples, qu'on mette sur la tête
Tout ce que la terre a de fleurs;
Peuples, que cette belle fête
A jamais tarisse nos pleurs;
Qu'aux deux bouts du monde se voie
Luire le feu de notre joie;
Et soient dans les coupes noyés
Les soucis de tous ces orages,
Que pour nos rebelles courages
Les Dieux nous avoient envoyés.

A ce coup iront en fumée
Les vœux que faisoient nos mutins,
En leur âme encore affamée
De massacres et de butins;

Nos doutes seront éclaircies ;
Et mentiront les Prophéties
De tous ces visages pâlis,
Dont le vain étude s'applique
A chercher l'an climatérique
De l'éternelle fleur de lis.

Aujourd'hui nous est amenée
Cette Princesse, que la foi
D'Amour ensemble et d'Hyménée
Destine au lit de notre Roi ;
La voici, la belle Marie,
Belle merveille d'Étrurie,
Qui fait confesser au soleil,
Quoi que l'âge passé raconte,
Que du ciel, depuis qu'il y monte,
Ne vint jamais rien de pareil.

Telle n'est point la Cythérée,
Quand un nouveau feu s'allumant,
Elle sort pompeuse et parée
Pour la conquête d'un amant ;
Telle ne luit en sa carrière
Des mois l'inégale courrière ;
Et telle dessus l'horizon
L'Aurore au matin ne s'étale,
Quand les yeux mêmes de Céphale
En feroient la comparaison.

Le Sceptre que porte sa race,
Où l'heur aux mérites est joint,
Lui met le respect en la face,

Mais il ne l'enorgueillit point;
Nulle vanité ne la touche;
Les Grâces parlent par sa bouche;
Et son front, témoin assuré
Qu'au vice elle est inaccessible,
Ne peut que d'un cœur insensible
Être vu sans être adoré.

Quantes fois, lorsque sur les ondes
Ce nouveau miracle flottoit,
Neptune en ses caves profondes
Plaignit-il le feu qu'il sentoit !
Et quantes fois en sa pensée,
De vives atteintes blessée,
Sans l'honneur de la royauté
Qui lui fit celer son martyre,
Eût-il voulu de son empire
Faire échange à cette beauté !

Dix jours, ne pouvant se distraire
Du plaisir de la regarder,
   a par un effort contraire
Essayé de la retarder [1];
Mais à la fin, soit que l'audace
Au meilleur avis ait fait place,
Soit qu'un autre démon plus fort
Aux vents ait imposé silence,
Elle est hors de sa violence,
Et la voici dans notre port.

---

1. Une tempête força Marie de Médicis de relâcher à Portofino
19 octobre et d'y séjourner jusqu'au 28. (*Journal de l'Estoile*,
année 1600.)

La voici, peuples, qui nous montre
Tout ce que la gloire a de prix;
Les fleurs naissent à sa rencontre
Dans les cœurs et dans les esprits;
Et la présence des merveilles
Qu'en oyoient dire nos oreilles,
Accuse la témérité
De ceux qui nous l'avoient décrite,
D'avoir figuré son mérite
Moindre que n'est la vérité.

O toute parfaite Princesse,
L'étonnement de l'univers,
Astre par qui vont avoir cesse
Nos ténèbres et nos hivers;
Exemple sans autres exemples,
Future image de nos temples,
Quoi que notre foible pouvoir
En votre accueil ose entreprendre,
Peut-il espérer de vous rendre
Ce que nous vous allons devoir?

Ce sera vous qui de nos villes
Ferez la beauté refleurir,
Vous qui de nos haines civiles
Ferez la racine mourir;
Et par vous la paix assurée
N'aura pas la courte durée
Qu'espèrent infidèlement,
Non lassés de notre souffrance,
Ces François qui n'ont de la France
Que la langue et l'habillement.

Par vous un Dauphin nous va naître,
Que vous-même verrez un jour
De la terre entière le maître,
Ou par armes ou par amour ;
Et ne tarderont ses conquêtes,
Dans les oracles déjà prêtes,
Qu'autant que le premier coton,
Qui de jeunesse est le message,
Tardera d'être en son visage,
Et de faire ombre à son menton.

Oh ! combien lors aura de veuves
La gent qui porte le turban !
Que de sang rougira les fleuves
Qui lavent les pieds du Liban !
Que le Bosphore en ses deux rives
Aura de Sultanes captives !
Et que de mères, à Memphis,
En pleurant diront la vaillance
De son courage et de sa lance,
Aux funérailles de leurs fils !

Cependant notre grand Alcide,
Amolli parmi vos appas,
Perdra la fureur qui sans bride
L'emporte à chercher le trépas ;
Et cette valeur indomptée,
De qui l'honneur est l'Eurysthée[1],
Puisque rien n'a su l'obliger
A ne nous donner plus d'alarmes,

---

1. *L'Eurysthée*, c'est-à-dire le mobile. On sait qu'Eurysthée imposa à Hercule des épreuves dont le héros sortit victorieux.

Au moins pour épargner vos larmes,
Aura peur de nous affliger.

Si l'espoir qu'aux bouches des hommes
Nos beaux faits seront récités,
Est l'aiguillon par qui nous sommes
Dans les hasards précipités;
Lui, de qui la gloire semée
Par les voix de la renommée
En tant de parts s'est fait ouïr
Que tout le siècle en est un livre,
N'est-il pas indigne de vivre,
S'il ne vit pour se réjouir?

Qu'il lui suffise que l'Espagne,
Réduite par tant de combats
A ne l'oser voir en campagne,
A mis l'ire et les armes bas;
Qu'il ne provoque point l'envie
Du mauvais sort contre sa vie;
Et puisque, selon son dessein,
Il a rendu nos troubles calmes,
S'il veut davantage de palmes,
Qu'il les acquière en votre sein.

C'est là qu'il faut qu'à son génie,
Seul arbitre de ses plaisirs,
Quoi qu'il demande, il ne dénie
Rien qu'imaginent ses desirs;
C'est là qu'il faut que les années
Lui coulent comme des journées,
Et qu'il ait de quoi se vanter

Que la douceur qui tout excède,
N'est point ce que sert Ganimède
A la table de Jupiter.

Mais d'aller plus à ces batailles,
Où tonnent les foudres d'enfer,
Et lutter contre des murailles,
D'où pleuvent la flamme et le fer,
Puisqu'il sait qu'en ses destinées
Les nôtres seront terminées,
Et qu'après lui notre discord
N'aura plus qui dompte sa rage,
N'est-ce pas nous rendre au naufrage
Après nous avoir mis à bord?

Cet Achille, de qui la pique
Faisoit aux braves d'Ilion
La terreur que fait en Afrique
Aux troupeaux l'assaut d'un lion,
Bien que sa mère eût à ses armes
Ajouté la force des charmes,
Quand les Destins l'eurent permis,
N'eut-il pas sa trame coupée
De la moins redoutable épée
Qui fût parmi ses ennemis?

Les Parques d'une même soie
Ne dévident pas tous nos jours;
Ni toujours par semblable voie
Ne font les planètes leur cours;
Quoi que promette la fortune,
A la fin, quand on l'importune,

Ce qu'elle avoit fait prospérer
Tombe du faîte au précipice ;
Et pour l'avoir toujours propice
Il la faut toujours révérer.

Je sais bien que sa Carmagnole[1]
Devant lui se représentant
Telle qu'une plaintive idole,
Va son courroux sollicitant,
Et l'invite à prendre pour elle
Une légitime querelle ;
Mais doit-il vouloir que pour lui
Nous ayons toujours le teint blême,
Cependant qu'il tente lui-même
Ce qu'il peut faire par autrui ?

Si vos yeux sont toute sa braise,
Et vous la fin de tous ses vœux,
Peut-il pas languir à son aise
En la prison de vos cheveux,
Et commettre aux dures corvées
Toutes ces âmes relevées,
Que d'un conseil ambitieux
La faim de gloire persuade
D'aller sur les pas d'Encelade
Porter des échelles aux cieux ?

Apollon n'a point de mystère,
Et sont profanes ses chansons,

1. Le roi était en ce moment en guerre avec le duc de Savoie, au sujet du marquisat de Saluces, dont Carmagnole est la capitale.

Ou, devant que le Sagittaire
Deux fois ramène les glaçons,
Le succès de leurs entreprises,
De qui deux provinces conquises
Ont déjà fait preuve à leur dan,
Favorisé de la victoire,
Changera la fable en histoire
De Phaéton en l'Éridan[1].

Nice payant avecque honte
Un siége autrefois repoussé[2],
Cessera de nous mettre en compte
Barberousse qu'elle a chassé;
Guise en ses murailles forcées
Remettra les bornes passées
Qu'avoit notre empire marin;
Et Soissons, fatal aux superbes,
Fera chercher parmi les herbes
En quelle place fut Turin.

---

1. La Bresse et la Savoie conquises en 1600, la première par Biron, la seconde par Lesdiguières.
2. En 1543, du 10 août au 8 septembre, Nice fut inutilement assiégée par une armée française, que secondait une flotte turque.

XIII

PROSOPOPÉE D'OSTENDE[1].

STANCES (1615).

Trois ans déjà passés, théâtre de la guerre,
J'exerce de deux chefs les funestes combats,

---

1. Cette pièce est l'imitation de vers latins composés par Grotius, alors âgé d'une vingtaine d'années, et que voici :

> Area parva Ducum, totus quam respicit orbis,
> Celsior una malis, et quam damnare ruinæ
> Nunc quoque fata timent, alieno in litore resto.
> Tertius annus abit, toties mutavimus hostem;
> Sævit hyems pelago, morbisque furentibus æstas;
> Et minimum est quod fecit Iber. Crudelior armis
> In nos orta lues; nullum est sine funere funus,
> Nec perimit mors una semel. Fortuna, quid hæres?
> Qua mercede tenes mistos in sanguine Manes?
> Quis tumulos moriens hos occupet, hoste peremto,
> Quæritur, et sterili tantum de pulvere pugna est.

Ostende se rendit aux Espagnols, le 20 septembre 1604, après un siége de trente-neuf mois.

Et fais émerveiller tous les yeux de la terre,
De voir que le malheur ne m'ose mettre à bas.

A la merci du ciel en ces rives je reste,
Où je souffre l'hiver froid à l'extrémité ;
Lorsque l'été revient, il m'apporte la peste,
Et le glaive est le moins de ma calamité.

Tout ce dont la Fortune afflige cette vie
Pêle-mêle assemblé me presse tellement,
Que c'est parmi les miens être digne d'envie,
Que de pouvoir mourir d'une mort seulement.

Que tardez-vous, Destins ? ceci n'est pas matière
Qu'avecque tant de doute il faille décider ;
Toute la question n'est que d'un cimetière,
Prononcez librement qui le doit posséder.

XIV

AUX OMBRES DE DAMON.

(1630.)

. . . . , ...

L'Orne comme autrefois nous reverroit encore,
Ravis de ces pensers que le vulgaire ignore,
Égarer à l'écart nos pas et nos discours ;
Et, couchés sur les fleurs comme étoiles semées,
Rendre en si doux ébat les heures consumées,
    Que les soleils nous seroient courts.

Mais, ô loi rigoureuse à la race des hommes,
C'est un point arrêté, que tout ce que nous sommes,
Issus de pères rois et de pères bergers,
La Parque également sous la tombe nous serre,
Et les mieux établis au repos de la terre,
    N'y sont qu'hôtes et passagers.

Tout ce que la grandeur a de vains équipages,
D'habillements de pourpre, et de suite de pages,
Quand le terme est échu n'allonge point nos jours ;
Il faut aller tout nus où le Destin commande ;
Et de toutes douleurs, la douleur la plus grande
    C'est qu'il faut laisser nos amours.

Amours qui la plupart infidèles et feintes,
Font gloire de manquer à nos cendres éteintes,
Et qui plus que l'honneur estimant le plaisir,
Sous le masque trompeur de leurs visages blêmes,
Acte digne du foudre ! en nos obsèques mêmes
    Conçoivent de nouveaux desirs.

Elles savent assez alléguer Artémise,
Disputer du devoir et de la foi promise ;
Mais tout ce beau langage est de si peu d'effet,
Qu'à peine en leur grand nombre une seule se treuve
De qui la foi survive, et qui fasse la preuve
    Que ta Carinice te fait.

Depuis que tu n'es plus, la campagne déserte
A dessous deux hivers perdu sa robe verte,
Et deux fois le printemps l'a repeinte de fleurs,
Sans que d'aucuns discours sa douleur se console,
Et que ni la raison, ni le temps qui s'envole,
    Puisse faire tarir ses pleurs.

Le silence des nuits, l'horreur des cimetières,
De son contentement sont les seules matières ;
Tout ce qui plaît déplaît à son triste penser ;

Et si tous ses appas sont encore en sa face,
C'est que l'amour y loge, et que rien qu'elle fasse
    N'est capable de l'en chasser.

. . . .
. . . .

Mais quoi ? c'est un chef-d'œuvre où tout mérite abonde,
Un miracle du ciel, une perle du monde,
Un esprit adorable à tous autres esprits ;
Et nous sommes ingrats d'une telle aventure,
Si nous ne confessons que jamais la nature
    N'a rien fait de semblable prix.

J'ai vu maintes beautés à la cour adorées,
Qui des vœux des amants à l'envi desirées,
Aux plus audacieux ôtaient la liberté ;
Mais de les approcher d'une chose si rare,
C'est vouloir que la rose au pavot se compare,
    Et le nuage à la clarté.

Celle à qui dans mes vers, sous le nom de Nérée,
J'allois bâtir un temple éternel en durée,
Si la déloyauté ne l'avoit abattu,
Lui peut bien ressembler du front ou de la joue,
Mais quoi ! puisqu'à ma honte il faut que je l'avoue,
    Elle n'a rien de sa vertu.

L'âme de cette ingrate est une âme de cire,
Matière à toute forme, incapable d'élire,

Changeant de passion aussitôt que d'objet ;
Et de la vouloir vaincre avecque des services,
Après qu'on a tout fait, on trouve que ses vices
    Sont de l'essence du sujet.

Souvent de tes conseils la prudence fidèle
M'avoit sollicité de me séparer d'elle,
Et de m'assujettir à de meilleures lois ;
Mais l'aise de la voir avoit tant de puissance,
Que cet ombrage faux m'ôtoit la connoissance
    Du vrai bien où tu m'appelois.

Enfin, après quatre ans une juste colère,
. . . .
Que le flux de ma peine a trouvé son reflux ;
Mes sens qu'elle aveugloit ont connu leur offense,
Je les en ai purgés, et leur ai fait défense
    De me la ramentevoir plus.

La femme est une mer aux naufrages fatale ;
Rien ne peut aplanir son humeur inégale ;
Ses flammes d'aujourd'hui seront glaces demain ;
Et s'il s'en rencontre une à qui cela n'avienne,
Fais compte, cher esprit, qu'elle a comme la tienne
    Quelque chose de plus qu'humain.

XV

PARAPHRASE DU PSAUME VIII[1].

(1615.)

O Sagesse éternelle, à qui cet univers
Doit le nombre infini des miracles divers
Qu'on voit également sur la terre et sur l'onde ;
    Mon Dieu, mon créateur,
Que ta magnificence étonne tout le monde,
Et que le ciel est bas au prix de ta hauteur !

Quelques blasphémateurs, oppresseurs d'innocents,
A qui l'excès d'orgueil a fait perdre le sens,
De profanes discours ta puissance rabaissent ;
    Mais la naïveté
Dont mêmes au berceau les enfants te confessent,
Clôt-elle pas la bouche à leur impiété ?

---

1. C'est le psaume *Domine, Dominus noster, quam admirabile est nomen tuum in universa terra!*

De moi, toutes les fois que j'arrête les yeux
A voir les ornements dont tu pares les cieux,
Tu me sembles si grand, et nous si peu de chose,
      Que mon entendement
Ne peut s'imaginer quelle amour te dispose
A nous favoriser d'un regard seulement.

Il n'est foiblesse égale à nos infirmités ;
Nos plus sages discours ne sont que vanités ;
Et nos sens corrompus n'ont goût qu'à des ordures ;
      Toutefois, ô bon Dieu,
Nous te sommes si chers, qu'entre tes créatures,
Si l'ange est le premier, l'homme a le second lieu.

Quelles marques d'honneur se peuvent ajouter
A ce comble de gloire où tu l'as fait monter ?
Et pour obtenir mieux quel souhait peut-il faire ?
      Lui que jusqu'au ponant,
Depuis où le soleil vient dessus l'hémisphère,
Ton absolu pouvoir a fait son lieutenant ?

Sitôt que le besoin excite son desir,
Qu'est-ce qu'en ta largesse il ne trouve à choisir ?
Et par ton règlement l'air, la mer et la terre
      N'entretiennent-ils pas
Une secrète loi de se faire la guerre
A qui de plus de mets fournira ses repas ?

Certes je ne puis faire en ce ravissement,
Que rappeler mon âme, et dire bassement :

O Sagesse éternelle, en merveilles féconde,
    Mon Dieu, mon créateur,
Que ta magnificence étonne tout le monde,
Et que le ciel est bas au prix de ta hauteur!

XVI

POUR LES PAIRS DE FRANCE, ASSAILLANTS
AU COMBAT DE BARRIÈRE.

STANCES [1].

Et quoi donc? la France féconde
En incomparables guerriers,
Aura jusqu'aux deux bouts du monde
Planté des forêts de lauriers,
Et fait gagner à ses armées
Des batailles si renommées,
Afin d'avoir cette douleur
D'ouïr démentir ses victoires,
Et nier ce que les histoires
Ont publié de sa valeur?

---

1. « Le dimanche 25 février 1605, dit Bassompierre, se fit (à Paris) le combat à la barrière, le seul qui s'est fait du règne du feu Roi (Henri IV), ni de celui de son fils présent régnant. Notre partie étoit les chevaliers de l'Aigle, et étions le comte de Sault, Saint-Luc et moi, qui entrions ensemble. »

Tant de fois le Rhin et la Meuse
Par nos redoutables efforts
Auront vu leur onde écumeuse
Regorger de sang et de morts ;
Et tant de fois nos destinées
Des Alpes et des Pyrénées
Les sommets auront fait branler,
Afin que je ne sais quels Scythes [1],
Bas de fortune et de mérites,
Présument de nous égaler.

Non, non, s'il est vrai que nous sommes
Issus de ces nobles aïeux
Que la voix commune des hommes
A fait asseoir entre les dieux [2],
Ces arrogants, à leur dommage,
Apprendront un autre langage,
Et, dans leur honte ensevelis,
Feront voir à toute la terre,
Qu'on est brisé comme du verre
Quand on choque les fleurs de lis.

Henri, l'exemple des monarques.
Les plus vaillants et les meilleurs,
Plein de mérites et de marques,
Qui jamais ne furent ailleurs ;

---

1. Les adversaires des *Pairs de France* représentaient des Scythes. — Plus loin (vers 46), le poëte fait allusion à la tradition qui donnait pour premier roi aux Scythes, Scythès, fils d'Hercule et d'Échidna.

2. On sait qu'une légende acceptée jusqu'au seizième siècle faisait descendre les Francs de Francus, fils d'Hector.

Bel astre vraiment adorable,
De qui l'ascendant favorable
En tous lieux nous sert de rempart,
Si vous aimez votre louange,
Desirez-vous pas qu'on la venge
D'une injure où vous avez part?

Ces arrogants, qui se défient
De n'avoir pas de lustre assez,
Impudemment se glorifient
Aux fables des siècles passés ;
Et d'une audace ridicule,
Nous content qu'ils sont fils d'Hercule,
Sans toutefois en faire foi ;
Mais qu'importe-t-il qui puisse être
Ni leur père ni leur ancêtre,
Puisque vous êtes notre roi?

Contre l'aventure funeste
Que leur garde notre courroux,
Si quelque espérance leur reste,
C'est d'obtenir grâce de vous ;
Et confesser que nos épées,
Si fortes et si bien trempées
Qu'il faut leur céder, ou mourir,
Donneront à votre couronne
Tout ce que le ciel environne,
Quand vous le voudrez acquérir.

XVII

A MADAME LA PRINCESSE DOUAIRIÈRE, CHARLOTTE
DE LA TRIMOUILLE.

SONNET (1620).

Quoi donc, grande Princesse en la terre adorée,
Et que même le ciel est contraint d'admirer,
Vous avez résolu de nous voir demeurer
En une obscurité d'éternelle durée ?

La flamme de vos yeux, dont la cour éclairée
A vos rares vertus ne peut rien préférer,
Ne se lasse donc point de nous désespérer,
Et d'abuser les vœux dont elle est désirée ?

Vous êtes en des lieux où les champs toujours verts,
Pour ce qu'ils n'ont jamais que des tièdes hivers,
Semblent en apparence avoir quelque mérite.

Mais si c'est pour cela que vous causez nos pleurs,
Comment faites-vous cas de chose si petite,
Vous de qui chaque pas fait naître mille fleurs ?

XVIII

PRIÈRE POUR LE ROI HENRI LE GRAND, ALLANT EN LIMOUSIN [1].

STANCES (1607).

O Dieu, dont les bontés de nos larmes touchées
Ont aux vaines fureurs les armes arrachées,
Et rangé l'insolence aux pieds de la raison,
Puisqu'à rien d'imparfait ta louange n'aspire,
Achève ton ouvrage au bien de cet empire,
Et nous rends l'embonpoint comme la guérison.

Nous sommes sous un roi si vaillant et si sage,
Et qui si dignement a fait l'apprentissage
De toutes les vertus propres à commander,
Qu'il semble que cet heur nous impose silence,
Et qu'assurés par lui de toute violence,
Nous n'avons plus sujet de te rien demander.

---

1. En septembre 1605.

Certes quiconque a vu pleuvoir dessus nos têtes
Les funestes éclats des plus grandes tempêtes
Qu'excitèrent jamais deux contraires partis,
Et n'en voit aujourd'hui nulle marque paroître,
En ce miracle seul il peut assez connoître
Quelle force a la main qui nous a garantis.

Mais quoi? de quelque soin qu'incessamment il veille,
Quelque gloire qu'il ait à nulle autre pareille,
Et quelque excès d'amour qu'il porte à notre bien ;
Comme échapperons-nous en des nuits si profondes,
Parmi tant de rochers que lui cachent les ondes,
Si ton entendement ne gouverne le sien?

Un malheur inconnu glisse parmi les hommes,
Qui les rend ennemis du repos où nous sommes ;
La plupart de leurs vœux tendent au changement ;
Et comme s'ils vivoient des misères publiques,
Pour les renouveler ils font tant de pratiques,
Que qui n'a point de peur n'a point de jugement.

En ce fâcheux état ce qui nous réconforte,
C'est que la bonne cause est toujours la plus forte,
Et qu'un bras si puissant t'ayant pour son appui,
Quand la rébellion plus qu'une hydre féconde
Auroit pour le combattre assemblé tout le monde,
Tout le monde assemblé s'enfuiroit devant lui.

Conforme donc, Seigneur, ta grâce à nos pensées,
Ote-nous ces objets qui des choses passées
Ramènent à nos yeux le triste souvenir ;
Et comme sa valeur, maîtresse de l'orage,

A nous donner la paix a montré son courage,
Fais luire sa prudence à nous l'entretenir.

Il n'a point son espoir au nombre des armées,
Étant bien assuré que ces vaines fumées
N'ajoutent que de l'ombre à nos obscurités ;
L'aide qu'il veut avoir, c'est que tu le conseilles ;
Si tu le fais, Seigneur, il fera des merveilles,
Et vaincra nos souhaits par nos prospérités.

Les fuites des méchants, tant soient-elles secrètes,
Quand il les poursuivra n'auront point de cachettes ;
Aux lieux les plus profonds ils seront éclairés ;
Il verra sans effet leur honte se produire,
Et rendra les desseins qu'ils feront pour lui nuire
Aussitôt confondus comme délibérés.

La rigueur de ses lois, après tant de licence,
Redonnera le cœur à la foible innocence,
Que dedans la misère on faisoit envieillir.
A ceux qui l'oppressoient il ôtera l'audace,
Et sans distinction de richesse ou de race,
Tous de peur de la peine auront peur de faillir.

La terreur de son nom rendra nos villes fortes,
On n'en gardera plus ni les murs ni les portes,
Les veilles cesseront au sommet de nos tours ;
Le fer, mieux employé, cultivera la terre,
Et le peuple, qui tremble aux frayeurs de la guerre,
Si ce n'est pour danser, n'orra[1] plus de tambours.

1. N'entendra.

Loin des mœurs de son siècle il bannira les vices,
L'oisive nonchalance, et les molles délices,
Qui nous avoient portés jusqu'aux derniers hasards;
Les vertus reviendront de palmes couronnées,
Et ses justes faveurs, aux mérites données,
Feront ressusciter l'excellence des arts.

La foi de ses aïeux, ton amour et ta crainte,
Dont il porte dans l'âme une éternelle empreinte,
D'actes de piété ne pourront l'assouvir;
Il étendra ta gloire autant que sa puissance;
Et n'ayant rien si cher que ton obéissance,
Où tu le fais régner il te fera servir.

Tu nous rendras alors nos douces destinées;
Nous ne reverrons plus ces fâcheuses années
Qui pour les plus heureux n'ont produit que des pleurs.
Toute sorte de biens comblera nos familles,
La moisson de nos champs lassera les faucilles,
Et les fruits passeront la promesse des fleurs.

La fin de tant d'ennuis dont nous fûmes la proie
Nous ravira les sens de merveille et de joie;
Et d'autant que le monde est ainsi composé
Qu'une bonne fortune en craint une mauvaise,
Ton pouvoir absolu, pour conserver notre aise,
Conservera celui qui nous l'aura causé.

Quand un roi fainéant, la vergogne des princes,
Laissant à ses flatteurs le soin de ses provinces,
Entre les voluptés indignement s'endort,
Quoique l'on dissimule, on n'en fait point d'estime;

Et si la vérité se peut dire sans crime,
C'est avecque plaisir qu'on survit à sa mort[1].

Mais ce roi, des bons rois l'éternel exemplaire,
Qui de notre salut est l'ange tutélaire,
L'infaillible refuge, et l'assuré secours,
Son extrême douceur ayant dompté l'envie,
De quels jours assez longs peut-il borner sa vie,
Que notre affection ne les juge trop courts?

Nous voyons les esprits nés à la tyrannie,
Ennuyés de couver leur cruelle manie,
Tourner tous leurs conseils à notre affliction ;
Et lisons clairement dedans leur conscience,
Que s'ils tiennent la bride à leur impatience,
Nous n'en sommes tenus qu'à sa protection.

Qu'il vive donc, Seigneur, et qu'il nous fasse vivre;
Que de toutes ces peurs nos âmes il délivre;
Et rendant l'univers de son heur étonné,
Ajoute chaque jour quelque nouvelle marque
Au nom qu'il s'est acquis du plus rare monarque
Que ta bonté propice ait jamais couronné.

Cependant son Dauphin d'une vitesse prompte
Des ans de sa jeunesse accomplira le compte ;
Et, suivant de l'honneur les aimables appas,
De faits si renommés ourdira son histoire,

---

1. L'Académie française, qui consacra trois mois à l'examen de ces stances, n'accorda de louanges qu'à celle-ci, qui est en effet fort belle.

Que ceux qui dedans l'ombre éternellement noire
Ignorent le soleil, ne l'ignoreront pas.

Par sa fatale main qui vengera nos pertes,
L'Espagne pleurera ses provinces désertes,
Ses châteaux abattus, et ses champs déconfits.
Et si de nos discords l'infâme vitupère[1]
A pu la dérober aux victoires du père,
Nous la verrons captive aux triomphes du fils.

---

1. *La vitupère de nos discords*, c'est-à-dire la folie blâmable de nos discords.

XIX

SUR L'ATTENTAT COMMIS EN LA PERSONNE DE HENRI LE GRAND, LE 19 DE DÉCEMBRE 1605[1].

ODE (1607).

Que direz-vous, races futures,
Si quelquefois un vrai discours
Vous récite les aventures
De nos abominables jours?
Lirez-vous, sans rougir de honte,
Que notre impiété surmonte
Les faits les plus audacieux,
Et les plus dignes du tonnerre,

---

[1]. « Le lundi 19 décembre 1605, dit l'Estoile, comme le roi revenant de la chasse passoit à cheval sur le pont Neuf, environ les cinq heures du soir, se rencontra un fou qui, ayant un poignard nu sous son manteau, tâcha d'en offenser Sa Majesté; et l'ayant saisi par le derrière de son manteau, que le roi avoit agrafé, le secoua assez longtemps, jusques à ce que, chacun étant accouru au secours, étant pris et interrogé sur ce qu'il vouloit faire, dit qu'il vouloit tuer le roi, pour ce qu'il lui détenoit in-

Qui firent jamais à la terre
Sentir la colère des cieux?

O que nos fortunes prospères
Ont un change bien apparent!
O que du siècle de nos pères
Le nôtre s'est fait différent!
La France devant ces orages,
Pleine de mœurs et de courages
Qu'on ne pouvoit assez louer,
S'est faite aujourd'hui si tragique,
Qu'elle produit ce que l'Afrique
Auroit vergogne d'avouer.

Quelles preuves incomparables
Peut donner un prince de soi,
Que les rois les plus adorables
N'en quittent l'honneur à mon roi?
Quelle terre n'est parfumée
Des odeurs de sa renommée?
Et qui peut nier qu'après Dieu,
Sa gloire, qui n'a point d'exemples,
N'ait mérité que dans nos temples
On lui donne le second lieu!

---

justement son bien et la plupart de son royaume, et plusieurs autres folies; puis, en riant, dit que pour le moins il lui avoit fait belle peur. Ce fou s'appeloit Jacques des Isles, natif de Senlis, praticien et procureur audit lieu, et transporté dès longtemps de son esprit; lequel, à cette occasion, selon la déposition des procureurs mêmes dudit Senlis, avoit été chassé de leur siége, et l'en avoient ôté comme fou et furieux. » Malgré une folie aussi bien constatée, les juges vouloient l'envoyer au gibet; « mais le roi ne le voulut jamais permettre, disant qu'il en faisoit conscience. »

Qui ne sait point qu'à sa vaillance
Il ne se peut rien ajouter?
Qu'on reçoit de sa bienveillance
Tout ce qu'on en doit souhaiter?
Et que si de cette couronne,
Que sa tige illustre lui donne,
Les lois ne l'eussent revêtu,
Nos peuples d'un juste suffrage
Ne pouvoient sans faire naufrage
Ne l'offrir point à sa vertu?

Toutefois, ingrats que nous sommes,
Barbares et dénaturés,
Plus qu'en ce climat où les hommes
Par les hommes sont dévorés,
Toujours nous assaillons sa tête
De quelque nouvelle tempête;
Et d'un courage forcené,
Rejetant son obéissance,
Lui défendons la jouissance
Du repos qu'il nous a donné.

La main de cet esprit farouche
Qui, sorti des ombres d'enfer,
D'un coup sanglant frappa sa bouche[1],
A peine avoit laissé le fer;
Et voici qu'un autre perfide,
Où la même audace réside,

---

1. Jean Chatel, qui, le 27 décembre 1594, s'introduisit dans la chambre de Gabriëlle d'Estrées, où le roi venait d'arriver, et le frappa d'un coup de couteau qui lui fendit la lèvre.

Comme si détruire l'État
Tenoit lieu de juste conquête,
De pareilles armes s'apprête
A faire un pareil attentat.

O soleil, ô grand luminaire,
Si jadis l'horreur d'un festin
Fit que de ta route ordinaire
Tu reculas vers le matin,
Et d'un émerveillable change
Te couchas aux rives du Gange,
D'où vient que ta sévérité,
Moindre qu'en la faute d'Atrée,
Ne punit point cette contrée
D'une éternelle obscurité ?

Non, non, tu luis sur le coupable,
Comme tu fais sur l'innocent ;
Ta nature n'est point capable
Du trouble qu'une âme ressent.
Tu dois ta flamme à tout le monde ;
Et ton allure vagabonde,
Comme une servile action
Qui dépend d'une autre puissance,
N'ayant aucune connoissance,
N'a point aussi d'affection.

Mais, ô planète belle et claire,
Je ne parle pas sagement ;
Le juste excès de la colère
M'a fait perdre le jugement ;
Ce traître, quelque frénésie
Qui travaillât sa fantaisie,

Eut encore assez de raison
Pour ne vouloir rien entreprendre,
Bel astre, qu'il n'eût vu descendre
Ta lumière sous l'horizon.

Au point qu'il écuma sa rage,
Le dieu de Seine étoit dehors
A regarder croître l'ouvrage
Dont ce prince embellit ses bords[1];
Il se resserra tout à l'heure
Au plus bas lieu de sa demeure ;
Et ses Nymphes dessous les eaux,
Toutes sans voix et sans haleine,
Pour se cacher furent en peine
De trouver assez de roseaux.

La terreur des choses passées
A leurs yeux se ramentevant,
Faisoit prévoir à leurs pensées
Plus de malheurs qu'auparavant ;
Et leur étoit si peu croyable
Qu'en cet accident effroyable
Personne les pût secourir,
Que pour en être dégagées,
Le ciel les auroit obligées
S'il leur eût permis de mourir.

Revenez, belles fugitives ;
De quoi versez-vous tant de pleurs ?

---

1. La grande galerie du Louvre.

Assurez vos âmes craintives,
Remettez vos chapeaux de fleurs ;
Le roi vit, et ce misérable,
Ce monstre vraiment déplorable,
Qui n'avoit jamais éprouvé
Que peut un visage d'Alcide,
A commencé le parricide,
Mais il ne l'a pas achevé.

Pucelles, qu'on se réjouisse ;
Mettez-vous l'esprit en repos ;
Que cette peur s'évanouisse ;
Vous la prenez mal à propos ;
Le roi vit, et les destinées
Lui gardent un nombre d'années
Qui fera maudire le sort
A ceux dont l'aveugle manie
Dresse des plans de tyrannie
Pour bâtir quand il sera mort.

O bienheureuse intelligence,
Puissance, quiconque tu sois,
Dont la fatale diligence
Préside à l'empire françois ;
Toutes ces visibles merveilles
De soins, de peines, et de veilles,
Qui jamais ne t'ont pu lasser,
N'ont-elles pas fait une histoire
Qu'en la plus ingrate mémoire
L'oubli ne sauroit effacer ?

Ces archers aux casaques peintes
Ne peuvent pas n'être surpris,

Ayant à combattre les feintes
De tant d'infidèles esprits ;
Leur présence n'est qu'une pompe ;
Avecque peu d'art on les trompe ;
Mais de quelle dextérité
Se peut déguiser une audace,
Qu'en l'âme aussitôt qu'en la face
Tu n'en lises la vérité ?

Grand démon d'éternelle marque,
Fais qu'il te souvienne toujours
Que tous nos maux en ce monarque
Ont leur refuge et leur secours ;
Et qu'arrivant l'heure prescrite,
Que le trépas, qui tout limite,
Nous privera de sa valeur,
Nous n'avons jamais eu d'alarmes
Où nous ayons versé des larmes
Pour une semblable douleur.

Je sais bien que par la justice,
Dont la paix accroît le pouvoir,
Il fait demeurer la malice
Aux bornes de quelque devoir,
Et que son invincible épée
Sous telle influence est trempée,
Qu'elle met la frayeur partout,
Aussitôt qu'on la voit reluire ;
Mais quand le malheur nous veut nuire,
De quoi ne vient-il point à bout ?

Soit que l'ardeur de la prière
Le tienne devant un autel,

Soit que l'honneur à la barrière
L'appelle à débattre un cartel,
Soit que dans la chambre il médite,
Soit qu'aux bois la chasse l'invite,
Jamais ne t'écarte si loin,
Qu'aux embûches qu'on lui peut tendre,
Tu ne sois prêt à le défendre,
Sitôt qu'il en aura besoin.

Garde sa compagne fidèle,
Cette reine dont les bontés
De notre foiblesse mortelle
Tous les défauts ont surmontés.
Fais que jamais rien ne l'ennuie ;
Que toute infortune la fuie,
Et qu'aux roses de sa beauté,
L'âge, par qui tout se consume,
Redonne, contre sa coutume,
La grâce de la nouveauté.

Serre d'une étreinte si ferme
Le nœud de leurs chastes amours,
Que la seule mort soit le terme
Qui puisse en arrêter le cours.
Bénis le plaisir de leur couche,
Et fais renaître de leur souche
Des scions si beaux et si verts,
Que de leur feuillage sans nombre
A jamais ils puissent faire ombre
Aux peuples de tout l'univers.

Surtout pour leur commune joie
Dévide aux ans de leur Dauphin,

A longs filets d'or et de soie,
Un bonheur qui n'ait point de fin ;
Quelques vœux que fasse l'envie,
Conserve-leur sa chère vie,
Et tiens par elle ensevelis
D'une bonace continue
Les aquilons, dont sa venue
A garanti les fleurs de lis.

Conduis-le sous leur assurance
Promptement jusques au sommet
De l'inévitable espérance
Que son enfance leur promet;
Et pour achever leurs journées,
Que les oracles ont bornées
Dedans le trône impérial,
Avant que le ciel les appelle,
Fais-leur ouïr cette nouvelle
Qu'il a rasé l'Escurial.

XX

AUX DAMES, POUR LES DEMI-DIEUX MARINS, CONDUITS PAR NEPTUNE.

STANCES [1] (1609).

O qu'une sagesse profonde
Aux aventures de ce monde
Préside souverainement ;
Et que l'audace est mal apprise
De ceux qui font une entreprise,
Sans douter de l'événement !

Le renom que chacun admire
Du prince qui tient cet empire,
Nous avoit faits ambitieux

---

1. Ces stances furent composées pour le carrousel *des Quatre Éléments*, donné peu de temps après que la reine fut accoucheé (10 février 1606) de Christine, qui fut plus tard duchesse de Savoie.

De mériter sa bienveillance,
Et donner à notre vaillance
Le témoignage de ses yeux.

Nos forces, partout reconnues,
Faisoient monter jusques aux nues
Les desseins de nos vanités ;
Et voici qu'avecque des charmes
Un enfant qui n'avoit point d'armes
Nous a ravi nos libertés.

Belles merveilles de la terre,
Doux sujets de paix et de guerre,
Pouvons-nous avecque raison
Ne bénir pas les destinées,
Par qui nos âmes enchaînées
Servent en si belle prison ?

L'aise nouveau de cette vie
Nous ayant fait perdre l'envie
De nous en retourner chez nous,
Soit notre gloire ou notre honte,
Neptune peut bien faire compte
De nous laisser avecque vous.

Nous savons quelle obéissance
Nous oblige notre naissance
De porter à sa royauté ;
Mais est-il ni crime ni blâme,
Dont vous ne dispensiez une âme
Qui dépend de votre beauté ?

Qu'il s'en aille à ses Néréides,
Dedans ses cavernes humides,
Et vive misérablement
Confiné parmi ses tempêtes;
Quant à nous, étant où vous êtes,
Nous sommes en notre élément.

XXI

AU ROI HENRI LE GRAND, SUR L'HEUREUX SUCCÈS
DU VOYAGE DE SEDAN[1].

ODE (1607).

Enfin après les tempêtes
Nous voici rendus au port ;
Enfin nous voyons nos têtes
Hors de l'injure du sort.
Nous n'avons rien qui menace
De troubler notre bonace ;
Et ces matières de pleurs,
Massacres, feux, et rapines,
De leurs funestes épines
Ne gâteront plus nos fleurs.

Nos prières sont ouïes,

---

1. Henri IV assiégea et prit la ville de Sedan, défendue par le duc de Bouillon.

Tout est réconcilié ;
Nos peurs sont évanouies,
Sedan s'est humilié.
A peine il a vu le foudre
Parti pour le mettre en poudre,
Que faisant comparaison
De l'espoir et de la crainte,
Pour éviter la contrainte
Il s'est mis à la raison.

Qui n'eût cru que ses murailles,
Que défendoit un lion,
N'eussent fait des funérailles
Plus que n'en fit Ilion ;
Et qu'avant qu'être à la fête
De si pénible conquête,
Les champs se fussent vêtus
Deux fois de robe nouvelle,
Et le fer eût en javelle
Deux fois les blés abattus ?

Et toutefois, ô merveille !
Mon roi, l'exemple des rois,
Dont la grandeur nonpareille
Fait qu'on adore ses lois,
Accompagné d'un Génie,
Qui les volontés manie,
L'a su tellement presser
D'obéir et de se rendre,
Qu'il n'a pas eu pour le prendre
Loisir de le menacer.

Tel qu'à vagues épandues
Marche un fleuve impérieux,
De qui les neiges fondues
Rendent le cours furieux ;
Rien n'est sûr en son rivage ;
Ce qu'il trouve, il le ravage ;
Et, traînant comme buissons
Les chênes et les racines,
Ote aux campagnes voisines
L'espérance des moissons.

Tel, et plus épouvantable,
S'en alloit ce conquérant,
A son pouvoir indomptable
Sa colère mesurant.
Son front avoit une audace
Telle que Mars en la Thrace ;
Et les éclairs de ses yeux
Étoient comme d'un tonnerre
Qui gronde contre la terre,
Quand elle a fâché les cieux.

Quelle vaine résistance
A son puissant appareil,
N'eût porté la pénitence
Qui suit un mauvais conseil ?
Et vu sa faute bornée
D'une chute infortunée,
Comme la rébellion,
Dont la fameuse folie
Fit voir à la Thessalie
Olympe sur Pélion ?

Voyez comme en son courage,
Quand on se range au devoir,
La pitié calme l'orage
Que l'ire a fait émouvoir.
A peine fut réclamée
Sa douceur accoutumée,
Que d'un sentiment humain
Frappé non moins que de charmes,
Il fit la paix, et les armes
Lui tombèrent de la main.

Arrière, vaines chimères
De haines et de rancueurs [1] ;
Soupçons de choses amères,
Éloignez-vous de nos cœurs ;
Loin, bien loin, tristes pensées,
Où nos misères passées
Nous avoient ensevelis ;
Sous Henri, c'est ne voir goutte,
Que de révoquer en doute
Le salut des fleurs de lis.

O roi, qui du rang des hommes
T'exceptes par ta bonté,
Roi, qui de l'âge où nous sommes
Tout le mal as surmonté ;
Si tes labeurs, d'où la France
A tiré sa délivrance,
Sont écrits avecque foi,
Qui sera si ridicule

---

1. Rancunes.

Qui ne confesse qu'Hercule
Fut moins Hercule que toi?

De combien de tragédies,
Sans ton assuré secours,
Étoient les trames ourdies
Pour ensanglanter nos jours?
Et qu'auroit fait l'innocence,
Si l'outrageuse licence,
De qui le souverain bien
Est d'opprimer et de nuire,
N'eût trouvé pour la détruire
Un bras fort comme le tien?

Mon roi, connois ta puissance,
Elle est capable de tout;
Tes desseins n'ont pas naissance
Qu'on en voit déjà le bout;
Et la fortune amoureuse
De la vertu généreuse
Trouve de si doux appas
A te servir et te plaire,
Que c'est la mettre en colère
Que de ne l'employer pas.

Use de sa bienveillance,
Et lui donne ce plaisir,
Qu'elle suive ta vaillance
A quelque nouveau désir;
Où que tes bannières aillent,
Quoi que tes armes assaillent,
Il n'est orgueil endurci,
Que brisé comme du verre,

A tes pieds elle n'atterre,
S'il n'implore ta merci.

Je sais bien que les oracles
Prédisent tous qu'à ton fils
Sont réservés les miracles
De la prise de Memphis ;
Et que c'est lui dont l'épée,
Au sang barbare trempée,
Quelque jour apparoissant
A la Grèce qui soupire,
Fera décroître l'empire
De l'infidèle Croissant.

Mais tandis que les années
Pas à pas font avancer
L'âge où de ses destinées
La gloire doit commencer,
Que fais-tu, que d'une armée,
A te venger animée,
Tu ne mets dans le tombeau
Ces voisins dont les pratiques
De nos rages domestiques
Ont allumé le flambeau ?

Quoique les Alpes chenues
Les couvrent de toutes parts,
Et fassent monter aux nues
Leurs effroyables remparts ;
Alors que de ton passage
On leur fera le message,
Qui verront-elles venir,
Envoyé sous tes auspices,

Qu'aussitôt leurs précipices
Ne se laissent aplanir?

Crois-moi, contente l'envie
Qu'ont tant de jeunes guerriers
D'aller exposer leur vie
Pour t'acquérir des lauriers;
Et ne tiens point ocieuses
Ces âmes ambitieuses,
Qui jusques où le matin
Met les étoiles en fuite,
Oseront sous ta conduite
Aller querir du butin.

Déjà le Tessin tout morne
Consulte de se cacher,
Voulant garantir sa corne,
Que tu lui dois arracher;
Et le Pô, tombe certaine
De l'audace trop hautaine,
Tenant baissé le menton,
Dans sa caverne profonde
S'apprête à voir en son onde
Choir un autre Phaéton.

Va, monarque magnanime,
Souffre à ta juste douleur,
Qu'en leurs rives elle imprime
Les marques de ta valeur.
L'astre dont la course ronde
Tous les jours voit tout le monde,
N'aura point achevé l'an,

Que tes conquêtes ne rasent
Tout le Piémont, et n'écrasent
La couleuvre de Milan[1].

Ce sera là que ma lyre,
Faisant son dernier effort,
Entreprendra de mieux dire
Qu'un cygne près de sa mort;
Et se rendant favorable
Ton oreille incomparable,
Te forcera d'avouer,
Qu'en l'aise de la victoire
Rien n'est si doux que la gloire
De se voir si bien louer.

Il ne faut pas que tu penses
Trouver de l'éternité
En ces pompeuses dépenses
Qu'invente la vanité;
Tous ces chefs-d'œuvres antiques
Ont à peine leurs reliques;
Par les Muses seulement
L'homme est exempt de la Parque;
Et ce qui porte leur marque
Demeure éternellement.

Par elles traçant l'histoire
De tes faits laborieux,
Je défendrai ta mémoire

---

1. Le duché de Milan avait pour armes une couleuvre dévorant un enfant.

Du trépas injurieux ;
Et quelque assaut que te fasse
L'oubli par qui tout s'efface,
Ta louange dans mes vers,
D'amarante couronnée,
N'aura sa fin terminée
Qu'en celle de l'univers.

XXII

CHANSON [1] (1607).

Qu'autres que vous soient desirées,
Qu'autres que vous soient adorées,
Cela se peut facilement;
Mais qu'il soit des beautés pareilles
A vous, merveille des merveilles,
Cela ne se peut nullement.

Que chacun sous telle puissance
Captive son obéissance,
Cela se peut facilement;
Mais qu'il soit une amour si forte
Que celle-là que je vous porte,
Cela ne se peut nullement.

---

1. Cette chanson a été composée par Mme de Bellegarde, Racan et Malherbe.

Que le fâcheux nom de cruelles
Semble doux à beaucoup de belles,
Cela se peut facilement;
Mais qu'en leur âme trouve place
Rien de si froid que votre glace,
Cela ne se peut nullement.

Qu'autres que moi soient misérables
Par vos rigueurs inexorables,
Cela se peut facilement;
Mais que la cause de leurs plaintes
Porte de si vives atteintes,
Cela ne se peut nullement.

Qu'on serve bien, lorsque l'on pense
En recevoir la récompense,
Cela se peut facilement;
Mais qu'une autre foi que la mienne
N'espère rien et se maintienne,
Cela ne se peut nullement.

Qu'à la fin la raison essaie
Quelque guérison à ma plaie,
Cela se peut facilement;
Mais que d'un si digne servage
La remontrance me dégage,
Cela ne se peut nullement.

Qu'en ma seule mort soient finies
Mes peines et vos tyrannies,

Cela se peut facilement ;
Mais que jamais par le martyre
De vous servir je me retire,
Cela ne se peut nullement.

XXIII

STANCES (1607).

Philis, qui me voit le teint blême,
Les sens ravis hors de moi-même,
Et les yeux trempés tout le jour,
Cherchant la cause de ma peine,
Se figure, tant elle est vaine,
Qu'elle m'a donné de l'amour.

Je suis marri que la colère
Me porte jusqu'à lui déplaire;
Mais pourquoi ne m'est-il permis
De lui dire qu'elle s'abuse,
Puisqu'à ma honte elle s'accuse
De ce qu'elle n'a point commis?

En quelle école nonpareille
Aurait-elle appris la merveille
De si bien charmer ses appas,

Que je pusse la trouver belle,
Pâlir, transir, languir pour elle,
Et ne m'en apercevoir pas?

Oh ! qu'il me seroit désirable
Que je ne fusse misérable
Que pour être dans sa prison !
Mon mal ne m'étonneroit guères,
Et les herbes les plus vulgaires
M'en donneroient la guérison.

Mais, ô rigoureuse aventure !
Un chef-d'œuvre de la nature,
Au lieu du monde le plus beau,
Tient ma liberté si bien close,
Que le mieux que je m'en propose
C'est d'en sortir par le tombeau.

Pauvre Philis malavisée,
Cessez de servir de risée,
Et souffrez que la vérité
Vous témoigne votre ignorance,
Afin que perdant l'espérance,
Vous perdiez la témérité.

C'est de Glycère que procèdent
Tous les ennuis qui me possèdent,
Sans remède, et sans réconfort ;
Glycère fait mes destinées,
Et comme il lui plaît mes années
Sont ou près ou loin de la mort.

C'est bien un courage de glace,
Où la pitié n'a point de place,
Et que rien ne peut émouvoir;
Mais quelque défaut que j'y blâme,
Je ne puis l'ôter de mon âme,
Non plus que vous y recevoir.

XXIV

AU ROI HENRI LE GRAND[1]

SONNET (1609).

Je le connois, Destins, vous avez arrêté
Qu'aux deux fils de mon roi se partage la terre
Et qu'après le trépas ce miracle de guerre
Soit encore effroyable en sa postérité.

Leur courage aussi grand que leur prospérité
Tous les forts orgueilleux brisera comme verre ;
Et qui de leurs combats attendra le tonnerre,
Aura le châtiment de sa témérité.

Le cercle imaginé, qui de même intervalle
Du nord et du midi les distances égale,

---

1. Sur la naissance de son second fils, né le 16 avril 1607.

De pareille grandeur bornera leur pouvoir.

Mais étant fils d'un père où tant de gloire abonde,
Pardonnez-moi, Destins, quoi qu'ils puissent avoir,
Vous ne leur donnez rien s'ils n'ont chacun un monde.

XXV

AU ROI HENRI LE GRAND.

SONNET (1611).

Mon roi, s'il est ainsi que des choses futures
L'école d'Apollon apprend la vérité,
Quel ordre merveilleux de belles aventures
Va combler de lauriers votre postérité !

Que vos jeunes lions vont amasser de proie !
Soit qu'aux rives du Tage ils portent leurs combats,
Soit que de l'Orient mettant l'empire bas,
Ils veuillent rebâtir les murailles de Troie.

Ils seront malheureux seulement en un point :
C'est que si leur courage à leur fortune joint
Avoit assujetti l'un et l'autre hémisphère,

Votre gloire est si grande en la bouche de tous,
Que toujours on dira qu'ils ne pouvoient moins faire,
Puisqu'ils avoient l'honneur d'être sortis de vous.

XXVI

POUR LE PREMIER BALLET
DE MONSEIGNEUR LE DAUPHIN [1].

AU ROI HENRI LE GRAND.

SONNET (1630).

Voici de ton État la plus grande merveille,
Ce fils où ta vertu reluit si vivement ;
Approche-toi, mon prince, et vois le mouvement
Qu'en ce jeune Dauphin la musique réveille.

Qui témoigna jamais une si juste oreille
A remarquer des tons le divers changement ;
Qui jamais à les suivre eut tant de jugement,
Ou mesura ses pas d'une grâce pareille?

---

1. En 1608.

Les esprits de la cour s'attachant par les yeux
A voir en cet objet un chef-d'œuvre des cieux,
Disent tous que la France est moins qu'il ne mérite;

Mais moi que du futur Apollon avertit,
Je dis que sa grandeur n'aura point de limite,
Et que tout l'univers lui sera trop petit.

XXVII

A MONSIEUR LE GRAND ÉCUYER DE FRANCE [1].

ODE (1615).

A la fin c'est trop de silence
En si beau sujet de parler ;
Le mérite qu'on veut celer
Souffre une injuste violence.
Bellegarde, unique support
Où mes vœux ont trouvé leur port,
Que tarde ma paresse ingrate,
Que déjà ton bruit nonpareil
Au bord du Tage et de l'Euphrate
N'a vu l'un et l'autre soleil ?

Les Muses hautaines et braves
Tiennent le flatter odieux ;

---

1. Qui fut depuis duc de Bellegarde.

Et comme parentes des Dieux
Ne parlent jamais en esclaves :
Mais aussi ne sont-elles pas
De ces beautés dont les appas
Ne sont que rigueur et que glace,
Et de qui le cerveau léger,
Quelque service qu'on leur fasse,
Ne se peut jamais obliger[1].

La vertu, qui de leur étude
Est le fruit le plus précieux,
Sur tous les actes vicieux
Leur fait haïr l'ingratitude ;
Et les agréables chansons
Par qui leurs doctes nourrissons
Savent charmer les destinées,
Récompensent un bon accueil
De louanges que les années
Ne mettent point dans le cercueil

Les tiennes vivront, je le jure
Touchant de la main à l'autel,
Sans que jamais rien de mortel
Ait pouvoir de leur faire injure ;
Et l'éternité que promet
La montagne au double sommet
N'est que mensonge et que fumée,
Ou je rendrai cet univers
Amoureux de ta renommée
Autant que tu l'es de mes vers.

1. *Obliger*, enchaîner, attacher par la reconnaissance, etc.

Comme en cueillant une guirlande
On est d'autant plus travaillé
Que le parterre est émaillé
D'une diversité plus grande,
Tant de fleurs de tant de côtés
Faisant paroître en leurs beautés
L'artifice de la nature,
Que les yeux troublés de plaisir
Ne savent en cette peinture
Ni que laisser ni que choisir :

Ainsi quand pressé de la honte
Dont me fait rougir mon devoir,
Je veux une œuvre concevoir
Qui pour toi les âges surmonte :
Tu me tiens les sens enchantés
De tant de rares qualités
Où brille un excès de lumière,
Que plus je m'arrête à penser
Laquelle sera la première,
Moins je sais par où commencer.

Par combien de semblables marques
Dont on ne peut me démentir,
Ai-je de quoi te garantir
Contre les outrages des Parques ?
Mais des sujets beaucoup meilleurs
Me font tourner ma route ailleurs,
Et la bienséance des choses
M'avertit qu'il faut qu'un guerrier
En sa couronne ait peu de roses
Avecque beaucoup de laurier.

Achille étoit haut de corsage,
L'or éclatoit en ses cheveux,
Et les femmes avec des vœux
Soupiroient après son visage ;
Sa gloire à danser et chanter,
Tirer de l'arc, sauter, lutter,
A nulle autre n'étoit seconde ;
Mais s'il n'eût rien eu de plus beau,
Son nom qui vole par le monde
Fût-il pas clos dans le tombeau?

C'est aux magnanimes exemples
Qui dessus la scène de Mars
Sont faits au milieu des hasards,
Qu'il appartient d'avoir des temples ;
Et c'est là que je veux trouver
De quoi si dignement graver
Les monuments de ta mémoire,
Que tous les siècles à venir
N'auront point de nuit assez noire
Pour en cacher le souvenir.

En ce long temps où les manies
D'un nombre infini de mutins
Poussés de nos mauvais destins
Ont assouvi leurs tyrannies,
Qui se peut vanter comme toi
D'avoir toujours gardé sa foi
Hors de soupçon comme de crime?
Et d'une forte passion
Haï l'espoir illégitime
De la rebelle ambition ?

Tel que d'un effort difficile
Un fleuve par-dessous la mer,
Sans que son flot devienne amer,
Passe de Grèce en la Sicile;
Il ne sait lui-même comment
Il peut couler si nettement,
Et sa fugitive Aréthuse,
Coutumière à le mépriser,
De ce miracle est si confuse
Qu'elle s'accorde à le baiser :

Tel entre ces esprits tragiques,
Ou plutôt démons insensés,
Qui de nos dommages passés
Tramoient les funestes pratiques,
Tu ne t'es jamais diverti [1]
De suivre le juste parti,
Mais blâmant l'impure licence
De nos déloyales humeurs,
As toujours aimé l'innocence
Et pris plaisir aux bonnes mœurs.

Si nommer en son parentage
Une longue suite d'aïeux
Que la gloire a mis dans les cieux,
Est réputé grand avantage,
A qui peut-il être inconnu
Que toujours les tiens ont tenu
Les charges les plus honorables
Qu'espèrent avecque raison

1. *Diverti*, détourné.

Sous des monarques favorables
Ceux qui sont d'illustre maison?

Qui ne sait de quelles tempêtes
Leur fatale main autrefois,
Portant la foudre de nos rois,
Des Alpes a battu les têtes?
Qui n'a vu dessous les combats
Le Pô mettre ses cornes bas?
Et les peuples de ses deux rives
Dans la frayeur ensevelis,
Laisser leurs dépouilles captives
A la merci des fleurs de lis?

Mais de chercher aux sépultures
Des témoignages de valeur,
C'est à ceux qui n'ont rien du leur
Estimable aux races futures,
Non pas à toi qui revêtu
De tous les dons que la vertu
Peut recevoir de la Fortune,
Connois ce qui vraiment est bien,
Et ne veux pas, comme la lune,
Luire d'autre feu que du tien.

Quand le monstre infâme d'envie,
A qui rien de l'autrui ne plaît,
Tout lâche et perfide qu'il est,
Jette les yeux dessus ta vie,
Et voit qu'on te donne le prix
Des beaux cœurs et des beaux esprits

Dont aujourd'hui la France est pleine,
N'est-il pas contraint d'avouer
Qu'il a lui-même de la peine
A s'empêcher de te louer ?

De quelle adresse incomparable
Ce que tu fais n'est-il réglé ?
Qui ne voit s'il n'est aveuglé
Que ton discours est admirable ?
Et les charmes de tes bontés
N'ont-ils pas sur les volontés
Une si parfaite puissance,
Qu'une âme ne peut éviter
D'être sous ton obéissance,
Quand tu l'en veux solliciter ?

Soit que l'honneur de la carrière
T'appelle à monter à cheval,
Soit qu'il se présente un rival
Pour la lice ou pour la barrière,
Soit que tu donnes ton loisir
A faire en quelque autre plaisir
Luire tes grâces nonpareilles,
Voit-on pas que toute la cour
Aux spectacles de tes merveilles
Comme à des théâtres accourt?

Quand il a fallu par les armes
Venir à l'essai glorieux
De réduire ces furieux
Aveuglés d'appas et de charmes,

Qui plus heureusement a mis
La honte au front des ennemis?
Et par de plus dignes ouvrages
Témoigné le mépris du sort,
Dont sollicite les courages
Le soin de vivre après la mort?

Dreux sait bien avec quelle audace
Il vit au haut de ses remparts
Ton glaive craint de toutes parts
Se faire abandonner la place,
Et sait bien que les assiégés
En péril extrême rangés
Tenoient déjà leur perte sûre,
Quand demi-mort, par le défaut
Du sang versé d'une blessure,
Tu fus remporté de l'assaut.

La défense victorieuse
D'un petit nombre de maisons,
Qu'à peine avoit clos de gazons
Une hâte peu curieuse;
Un camp venant pour te forcer,
Abattu sans se redresser,
Et le repos d'une province
Par un même effet rétabli,
Au gré des sujets et du Prince,
Sont-ce choses dignes d'oubli?

Sous la canicule enflammée
Les blés ne sont point aux sillons

Si nombreux que les bataillons
Qui fourmilloient en cette armée,
Et si la fureur des Titans
Par de semblables combattants
Eût présenté son escalade,
Le ciel avoit de quoi douter
Qu'il n'eût vu régner Encelade
En la place de Jupiter.

Qui vers l'épaisseur d'un bocage
A vu se retirer des loups
Qu'un berger de cris et de coups
A repoussés de son herbage,
Il a vu ces désespérés
Par ta gloire déshonorés
S'en revenir en leur tranchée,
Et ne rester de leurs efforts
Que toute la terre jonchée
De leurs blessés et de leurs morts.

La paix qui neuf ans retirée,
Faisoit la sourde à nous ouïr,
A la fin nous laissa jouir
De sa présence desirée.
Au lieu du soin et des ennuis
Par qui nos jours sembloient des nuits,
L'âge d'or revint sur la terre,
Les délices eurent leur tour,
Et mon roi lassé de la guerre
Mit son temps à faire l'amour.

Le nom de sa chaste Marie

Le travailloit d'une langueur
Qu'il pensoit que pour sa longueur
Jamais il ne verroit guérie,
Et bien que des succès heureux
De ses combats aventureux
Toute l'Europe sût l'histoire,
Il croyait en sa royauté
N'avoir rien, s'il n'avoit la gloire
De posséder cette beauté.

Elle auparavant invincible
Et plus dure qu'un diamant,
S'apercevoit que cet amant
La faisoit devenir sensible.
Les doutes que les femmes font
Et la conduite qu'elles ont
Plus discrète et plus retenue,
Contre sa flamme combattant,
Faisoient qu'elle étoit moins connue,
Mais elle étoit grande pourtant.

En l'heureux sein de la Toscane,
Diane aux ombres de ses bois
La nourrissoit dessous ses lois,
Qui n'enseignent rien de profane.
Tandis le temps faisoit mûrir
Le dessein de l'aller querir,
Et ne restoit plus que d'élire
Celui qui serait le Jason
Digne de faire à cet empire
Voir une si belle toison.

Tu vainquis en cette dispute,
Aussi plein d'aise dans le cœur
Qu'à Pise jadis un vainqueur
Ou de la course ou de la lutte ;
Et parus sur les poursuivants
Dont les vœux trop haut s'élevants
Te donnoient de la jalousie,
Comme dessus des arbrisseaux
Un de ces pins de Silésie
Qui font les mâts de nos vaisseaux.

Quelle prudence inestimable
Ne fis-tu remarquer alors?
Quels ornements d'âme et de corps
Ne te firent trouver aimable?
Téthys, que ta grâce ravit,
Pleine de flamme te suivit
Autant que dura ton passage,
Et l'Arno cessa de couler,
Plein de honte qu'en son rivage
Il n'avoit de quoi t'égaler.

Tu menois le blond Hyménée,
Qui devoit solennellement
De ce fatal accouplement
Célébrer l'heureuse journée.
Jamais il ne fut si paré,
Jamais en son habit doré
Tant de richesses n'éclatèrent;
Toutefois les Nymphes du lieu
Non sans apparence doutèrent
Qui de vous deux étoit le Dieu.

Mais quoi? ma barque vagabonde
Est dans les Syrtes bien avant;
Et le plaisir la décevant
Toujours la pousse au gré de l'onde.
Bellegarde, les matelots
Jamais ne méprisent les flots,
Quelque phare qui leur éclaire;
Je ferai mieux de relâcher,
Et borner le soin de te plaire
Par la crainte de te fâcher.

Toute la gloire où mon attente
Croit avoir raison d'aspirer,
C'est qu'il te plaise m'assurer
Que mon offrande te contente.
Donne-m'en d'un clin de tes yeux
Un témoignage gracieux,
Et si tu la trouves petite,
Considère qu'une action
Ne peut avoir peu de mérite
Ayant beaucoup d'affection.

Ainsi toujours d'or et de soie
Ton âge dévide son cours;
Ainsi te naissent tous les jours
Nouvelles matières de joie,
Et les foudres accoutumés
De tous les traits envenimés
Que par la fortune contraire
L'ire du ciel fait décocher,
De toi, ni de Termes ton frère,
Ne puissent jamais approcher.

Quand la faveur à pleines voiles,
Toujours compagne de vos pas,
Vous feroit devant le trépas
Avoir le front dans les étoiles,
Et remplir de votre grandeur
Ce que la terre a de rondenr,
Sans être menteur je puis dire
Que jamais vos prospérités
N'iront jusques où je desire,
Ni jusques où vous méritez.

Cette même ode fut publiée plus tard avec des modifications très-considérables. La voici tout entière, telle qu'elle parut dans l'édition de 1630.

A la fin c'est trop de silence
En si beau sujet de parler :
Le mérite qu'on veut celer
Souffre une injuste violence.
Bellegarde, unique support
Où mes vœux ont trouvé leur port,
Que tarde ma paresse ingrate,
Que déjà ton bruit nonpareil
Aux bords du Tage et de l'Euphrate
N'a vu l'un et l'autre soleil ?

Les Muses hautaines et braves
Tiennent le flatter odieux,
Et comme parentes des Dieux
Ne parlent jamais en esclaves ;
Mais aussi ne sont-elles pas
De ces beautés dont les appas

Ne sont que rigueur et que glace,
Et de qui le cerveau léger,
Quelque service qu'on lui fasse,
Ne se peut jamais obliger.

La vertu, qui de leur étude
Est le fruit le plus précieux,
Sur tous les actes vicieux
Leur fait haïr l'ingratitude ;
Et les agréables chansons
Par qui les doctes nourrissons
Savent charmer les destinées,
Récompensent un bon accueil
De louanges que les années
Ne mettent point dans le cercueil.

Les tiennes par moi publiées,
Je le jure sur les autels,
En la mémoire des mortels
Ne seront jamais oubliées ;
Et l'éternité que promet
La montagne au double sommet
N'est que mensonge et que fumée,
Ou je rendrai cet univers
Amoureux de ta renommée,
Autant que tu l'es de mes vers.

Comme en cueillant une guirlande,
L'homme est d'autant plus travaillé,
Que le parterre est émaillé
D'une diversité plus grande ;

Tant de fleurs de tant de côtés
Faisant paroître en leurs beautés
L'artifice de la Nature,
Qu'il tient suspendu son desir,
Et ne sait en cette peinture
Ni que laisser, ni que choisir :

Ainsi quand, pressé de la honte
Dont me fait rougir mon devoir,
Je veux mon œuvre concevoir
Qui pour toi les âges surmonte,
Tu me tiens les sens enchantés
De tant de rares qualités,
Où brille un excès de lumière,
Que plus je m'arrête à penser
Laquelle sera la première,
Moins je sais par où commencer.

Si nommer en son parentage
Une longue suite d'aïeux
Que la gloire a mis dans les cieux,
Est réputé grand avantage :
De qui n'est-il point reconnu
Que toujours les tiens ont tenu
Les charges les plus honorables,
Dont le mérite et la raison,
Quand les Destins sont favorables,
Parent une illustre maison ?

Qui ne sait de quelles tempêtes
Leur fatale main autrefois,

Portant la foudre de nos rois,
Des Alpes a battu les têtes?
Qui n'a vu dessous leurs combats
Le Pô mettre les cornes bas?
Et les peuples de ses deux rives,
Dans la frayeur ensevelis,
Laisser leurs dépouilles captives
A la merci des fleurs de lis?

Mais de chercher aux sépultures
Des témoignages de valeur,
C'est à ceux qui n'ont rien du leur
Estimable aux races futures;
Non pas à toi, qui revêtu
De tous les dons que la vertu
Peut recevoir de la Fortune,
Connois que c'est que du vrai bien,
Et ne veux pas, comme la lune,
Luire d'autre feu que du tien.

Quand le monstre infâme d'envie,
A qui rien de l'autrui ne plaît,
Tout lâche et perfide qu'il est,
Jette les yeux dessus ta vie,
Et te voit emporter le prix
Des grands cœurs et des beaux esprits
Dont aujourd'hui la France est pleine,
Est-il pas contraint d'avouer
Qu'il a lui-même de la peine
A s'empêcher de te louer?

Soit que l'honneur de la carrière

T'appelle à monter à cheval,
Soit qu'il se présente un rival
Pour la lice ou pour la barrière,
Soit que tu donnes ton loisir
A prendre quelque autre plaisir,
Éloigné des molles délices;
Qui ne sait que toute la cour,
A regarder tes exercices,
Comme à des théâtres accourt?

Quand tu passas en Italie,
Où tu fus querir pour mon roi
Ce joyau d'honneur et de foi,
Dont l'Arne[1] à la Seine s'allie;
Téthys ne suivit-elle pas
Ta bonne grâce et tes appas,
Comme un objet émerveillable,
Et jura qu'avecque Jason
Jamais argonaute semblable
N'alla conquérir la toison?

Tu menois le blond Hyménée,
Qui devoit solennellement
De ce fatal accouplement
Célébrer l'heureuse journée.
Jamais il ne fut si paré;
Jamais en son habit doré
Tant de richesses n'éclatèrent;
Toutefois les Nymphes du lieu,

L'Arne, l'Arno. Bellegarde avait été envoyé à Florence pour y chercher Marie de Médicis.

Non sans apparence, doutèrent
Qui de vous deux étoit le Dieu.

De combien de pareilles marques,
Dont on ne me peut démentir,
Ai-je de quoi te garantir
Contre les menaces des Parques?
Si ce n'est qu'un si long discours
A de trop pénibles détours ;
Et qu'à bien dispenser les choses,
Il faut mêler pour un guerrier
A peu de myrte et peu de roses
Force palme et force laurier ?

Achille étoit haut de corsage ;
L'or éclatoit en ses cheveux ;
Et les dames avecque vœux
Soupiroient après son visage ;
Sa gloire à danser et chanter,
Tirer de l'arc, sauter, lutter,
A nulle autre n'étoit seconde ;
Mais s'il n'eût rien eu de plus beau,
Son nom, qui vole par le monde,
Seroit-il pas dans le tombeau ?

S'il n'eût par un bras homicide,
Dont rien ne repoussoit l'effort,
Sur Ilion vengé le tort
Qu'avoit reçu le jeune Atride ;
De quelque adresse qu'au giron
Ou de Phénix, ou de Chiron,

Il eût fait son apprentissage,
Notre âge auroit-il aujourd'hui
Le mémorable témoignage
Que la Grèce a donné de lui?

C'est aux magnanimes exemples
Qui sous la bannière de Mars
Sont faits au milieu des hasards,
Qu'il appartient d'avoir des temples :
Et c'est avecque ces couleurs
Que l'histoire de nos malheurs
Marquera si bien ta mémoire,
Que tous les siècles à venir
N'auront point de nuit assez noire,
Pour en cacher le souvenir.

En ce long temps où les manies
D'un nombre infini de mutins,
Poussés de nos mauvais destins,
Ont assouvi leurs félonies,
Par quels faits d'armes valeureux,
Plus que nul autre aventureux,
N'as-tu mis ta gloire en estime?
Et déclaré ta passion,
Contre l'espoir illégitime
De la rebelle ambition ?

Tel que d'un effort difficile
Un fleuve au travers de la mer,
Sans que son goût devienne amer,
Passe d'Élide en la Sicile ;
Ses flots par moyens inconnus

En leur douceur entretenus
Aucun mélange ne reçoivent ;
Et dans Syracuse arrivant
Sont trouvés de ceux qui les boivent
Aussi peu salés que devant :

Tel entre ces esprits tragiques,
Ou plutôt démons insensés,
Qui de nos dommages passés
Tramoient les funestes pratiques,
Tu ne t'es jamais diverti
De suivre le juste parti ;
Mais blâmant l'impure licence
De leurs déloyales humeurs,
As toujours aimé l'innocence,
Et pris plaisir aux bonnes mœurs.

Depuis que pour sauver sa terre,
Mon roi, le plus grand des humains,
Eut laissé partir de ses mains
Le premier trait de son tonnerre,
Jusqu'à la fin de ses exploits,
Que tout eut reconnu ses lois,
A-t-il jamais défait armée,
Pris ville, ni forcé rempart,
Où ta valeur accoutumée
N'ait eu la principale part ?

Soit que près de Seine et de Loire
Il pavât les plaines de morts,
Soit que le Rhône outre ses bords
Lui vît faire éclater sa gloire,

Ne l'as-tu pas toujours suivi?
Ne l'as-tu pas toujours servi?
Et toujours par dignes ouvrages
Témoigné le mépris du sort
Que sait imprimer aux courages
Le soin de vivre après la mort?

Mais quoi? ma barque vagabonde
Est dans les Syrtes bien avant;
Et le plaisir la décevant
Toujours l'emporte au gré de l'onde.
Bellegarde, les matelots
Jamais ne méprisent les flots,
Quelque phare qui leur éclaire :
Je ferai mieux de relâcher,
Et borner le soin de te plaire,
Par la crainte de te fâcher.

L'unique but où mon attente
Croit avoir raison d'aspirer,
C'est que tu veuilles m'assurer
Que mon offrande te contente;
Donne-m'en d'un clin de tes yeux
Un témoignage gracieux;
Et si tu la trouves petite,
Ressouviens-toi qu'une action
Ne peut avoir peu de mérite,
Ayant beaucoup d'affection.

Ainsi de tant d'or et de soie
Ton âge dévide son cours,
Que tu reçoives tous les jours
Nouvelles matières de joie ;

Ainsi tes honneurs florissants,
De jour en jour aillent croissants,
Malgré la fortune contraire ;
Et ce qui les fait trébucher,
De toi ni de Termes ton frère
Ne puisse jamais approcher.

Quand la faveur à pleines voiles,
Toujours compagne de vos pas,
Vous feroit devant le trépas
Avoir le front dans les étoiles,
Et remplir de votre grandeur
Ce que la terre a de rondeur,
Sans être menteur, je puis dire
Que jamais vos prospérités
N'iront jusques où je desire,
Ni jusques où vous méritez.

XXVIII

A MONSIEUR DE FLEURANCE[1], SUR SON ART
D'EMBELLIR.

SONNET (1608).

Voyant ma Caliste[2] si belle,
Que l'on n'y peut rien desirer,
Je ne me pouvois figurer
Que ce fût chose naturelle.

J'ignorois que ce pouvoit être
Qui lui coloroit ce beau teint,
Où l'Aurore même n'atteint
Quand elle commence de naître.

Mais, Fleurance, ton docte écrit

---

1. Fleurance, précepteur de Louis XIII.
2. La vicomtesse d'Auchy

M'ayant fait voir qu'un bel esprit
Est la cause d'un beau visage ;

Ce ne m'est plus de nouveauté,
Puisqu'elle est parfaitement sage,
Qu'elle soit parfaite en beauté.

XXIX

SONNET ¹ (1609).

Quel astre malheureux ma fortune a bâtie ?
A quelles dures lois m'a le ciel attaché,
Que l'extrême regret ne m'ait point empêché
De me laisser résoudre à cette départie ?

Quelle sorte d'ennuis fut jamais ressentie
Égale au déplaisir dont j'ai l'esprit touché ?
Qui jamais vit coupable expier son péché
D'une douleur si forte, et si peu divertie ?

On doute en quelle part est le funeste lieu
Que réserve aux damnés la justice de Dieu,
Et de beaucoup d'avis la dispute en est pleine ;

---

1. A la vicomtesse d'Auchy.

Mais sans être savant, et sans philosopher,
Amour en soit loué, je n'en suis point en peine :
Où Caliste n'est point, c'est là qu'est mon enfer.

XXX

STANCES (1609).

Laisse-moi, raison importune,
Cesse d'affliger mon repos,
En me faisant mal à propos
Désespérer de ma fortune;
Tu perds temps de me secourir,
Puisque je ne veux point guérir.

Si l'Amour en tout son empire,
Au jugement des beaux esprits,
N'a rien qui ne quitte le prix
A celle pour qui je soupire,
D'où vient que tu veux me ravir
L'aise que j'ai de la servir?

A quelles roses ne fait honte
De son teint la vive fraîcheur?
Quelle neige a tant de blancheur
Que sa gorge ne la surmonte?

Et quelle flamme luit aux cieux
Claire et nette comme ses yeux

Soit que de ses douces merveilles
Sa parole enchante les sens,
Soit que sa voix de ses accents
Frappe les cœurs par les oreilles,
A qui ne fait-elle avouer
Qu'on ne la peut assez louer?

Tout ce que d'elle on me peut dire,
C'est que son trop chaste penser,
Ingrat à me récompenser,
Se moquera de mon martyre :
Supplice qui jamais ne faut
Aux desirs qui volent trop haut.

Je l'accorde, il est véritable :
Je devois bien moins desirer ;
Mais mon honneur est d'aspirer
Où la gloire est indubitable.
Les dangers me sont des appas ;
Un bien sans mal ne me plaît pas.

Je me rends donc sans résistance
A la merci d'elle et du sort ;
Aussi bien par la seule mort
Se doit faire la pénitence
D'avoir osé délibérer
Si je la devois adorer.

XXXI

SONNET (1609).

Il n'est rien de si beau comme Càliste est belle,
C'est une œuvre où nature a fait tous ses efforts ;
Et notre âge est ingrat qui voit tant de trésors,
S'il n'élève à sa gloire une marque éternelle.

La clarté de son teint n'est pas chose mortelle ;
Le baume est dans sa bouche, et les roses dehors ;
Sa parole et sa voix ressuscitent les morts,
Et l'art n'égale point sa douceur naturelle.

La blancheur de sa gorge éblouit les regards ;
Amour est en ses yeux, il y trempe ses dards,
Et la fait reconnoître un miracle visible.

En ce nombre infini de grâces et d'appas,
Qu'en dis-tu, ma raison ? crois-tu qu'il soit possible
D'avoir du jugement, et ne l'adorer pas ?

XXXII

STANCES[1] (1609).

Le dernier de mes jours est dessus l'horizon ;
Celle dont mes ennuis avoient leur guérison
S'en va porter ailleurs ses appas et ses charmes ;
Je fais ce que je puis, l'en pensant divertir ;
Mais tout m'est inutile, et semble que mes larmes
Excitent sa rigueur à la faire partir.

Beaux yeux, à qui le ciel, et mon consentement,
Pour me combler de gloire, ont donné justement
Dessus mes volontés un empire suprême,
Que ce coup m'est sensible ; et que tout à loisir
Je vais bien éprouver qu'un déplaisir extrême
Est toujours à la fin d'un extrême plaisir !

Quel tragique succès ne dois-je redouter

---

1. A la comtesse de la Roche.

Du funeste voyage où vous m'allez ôter
Pour un terme si long tant d'aimables délices,
Puisque votre présence étant mon élément,
Je pense être aux enfers, et souffrir leurs supplices,
Lorsque je m'en sépare une heure seulement !

Au moins si je voyois cette fière beauté
Préparant son départ cacher sa cruauté
Dessous quelque tristesse, ou feinte, ou véritable ;
L'espoir, qui volontiers accompagne l'amour,
Soulageant ma langueur, la rendroit supportable,
Et me consoleroit jusques à son retour.

Mais quel aveuglement me le fait desirer ?
Avec quelle raison me puis-je figurer
Que cette âme de roche une grâce m'octroie ?
Et qu'ayant fait dessein de ruiner ma foi,
Son humeur se dispose à vouloir que je croie
Qu'elle a compassion de s'éloigner de moi ?

Puis étant son mérite infini comme il est,
Dois-je pas me résoudre à tout ce qui lui plaît,
Quelques lois qu'elle fasse, et quoi qu'il m'en advienne,
Sans faire cette injure à mon affection
D'appeler sa douleur au secours de la mienne,
Et chercher mon repos en son affliction ?

Non, non, qu'elle s'en aille à son contentement,
Ou dure ou pitoyable, il n'importe comment ;
Je n'ai point d'autre vœu que ce qu'elle souhaite ;
Et quand de mes souhaits je n'aurois jamais rien,

Le sort en est jeté, l'entreprise en est faite,
Je ne saurois brûler d'autre feu que du sien.

Je ne ressemble point à ces foibles esprits,
Qui bientôt délivrés, comme ils sont bientôt pris,
En leur fidélité n'ont rien que du langage ;
Toute sorte d'objets les touche également ;
Quant à moi, je dispute avant que je m'engage,
Mais quand je l'ai promis, j'aime éternellement.

XXXIII

SONNET [1]. (1609).

Beauté, de qui la grâce étonne la nature,
Il faut donc que je cède à l'injure du sort,
Que je vous abandonne, et loin de votre port
M'en aille au gré du vent suivre mon aventure.

Il n'est ennui si grand que celui que j'endure ;
Et la seule raison qui m'empêche la mort,
C'est le doute que j'ai que ce dernier effort
Ne fût mal employé pour une âme si dure.

Caliste, où pensez-vous ? Qu'avez-vous entrepris ?
Vous résoudrez-vous point à borner ce mépris,
Qui de ma patience indignement se joue ?

1. A la vicomtesse d'Auchy.

Mais, ô de mon erreur l'étrange nouveauté !
Je vous souhaite douce, et toutefois j'avoue
Que je dois mon salut à votre cruauté.

XXXIV

sonnet (1609).

Beaux et grands bâtiments d'éternelle structure[1],
Superbes de matière, et d'ouvrages divers,
Où le plus digne roi qui soit en l'univers
Aux miracles de l'art fait céder la nature;

Beau parc, et beaux jardins, qui dans votre clôture
Avez toujours des fleurs, et des ombrages verts,
Non sans quelque Démon qui défend aux hivers
D'en effacer jamais l'agréable peinture;

Lieux qui donnez aux cœurs tant d'aimables desirs,
Bois, fontaines, canaux, si parmi vos plaisirs
Mon humeur est chagrine, et mon visage triste,

1. Fontainebleau.

Ce n'est point qu'en effet vous n'ayez des appas ;
Mais quoi que vous ayez, vous n'avez point Caliste,
Et moi je ne vois rien quand je ne la vois pas.

XXXV

SONNET (1609).

Caliste, en cet exil j'ai l'âme si gênée
Qu'au tourment que je souffre il n'est rien de pareil ;
Et ne saurois ouïr ni raison ni conseil,
Tant je suis dépité contre ma destinée.

J'ai beau voir commencer et finir la journée,
En quelque part des cieux que luise le soleil,
Si le plaisir me fuit, aussi fait le sommeil,
Et la douleur que j'ai n'est jamais terminée.

Toute la cour fait cas du séjour où je suis,
Et pour y prendre goût, je fais ce que je puis ;
Mais j'y deviens plus sec, plus j'y vois de verdure.

En ce piteux état si j'ai du réconfort,
C'est, ô rare beauté, que vous êtes si dure,
Qu'autant près comme loin je n'attends que la mort.

XXXVI

sonnet (1609).

C'est fait, belle Caliste, il n'y faut plus penser ;
Il se faut affranchir des lois de votre empire ;
Leur rigueur me dégoûte, et fait que je soupire
Que ce qui s'est passé n'est à recommencer.

Plus en vous adorant je me pense avancer,
Plus votre cruauté, qui toujours devient pire,
Me défend d'arriver au bonheur où j'aspire,
Comme si vous servir étoit vous offenser.

Adieu donc, ô beauté, des beautés la merveille ;
Il faut qu'à l'avenir ma raison me conseille,
Et dispose mon âme à se laisser guérir.

Vous m'étiez un trésor aussi cher que la vie ;
Mais puisque votre amour ne se peut acquérir,
Comme j'en perds l'espoir, j'en veux perdre l'envie.

XXXVII

STANCES (1609).

Dure contrainte de partir,
A quoi je ne puis consentir,
Et dont je ne m'ose défendre,
Que ta rigueur a de pouvoir !
Et que tu me fais bien apprendre
Quel tyran c'est que le devoir !

J'aurai donc nommé ces beaux yeux
Tant de fois mes rois et mes dieux,
Pour aujourd'hui n'en tenir compte ?
Et permettre qu'à l'avenir
On leur impute cette honte
De ne m'avoir su retenir ?

Ils auront donc ce déplaisir,
Que je meure après un desir,
Où la vanité me convie ?

Et qu'ayant juré si souvent
D'être auprès d'eux toute ma vie,
Mes serments s'en aillent au vent?

Vraiment je puis bien avouer
Que j'avois tort de me louer
Par-dessus le reste des hommes ;
Je n'ai point d'autre qualité
Que celle du siècle où nous sommes,
La fraude, et l'infidélité.

Mais à quoi tendent ces discours,
O beauté qui de mes amours
Êtes le port et le naufrage?
Ce que je dis contre ma foi,
N'est-ce pas un vrai témoignage
Que je suis déjà hors de moi?

Votre esprit, de qui la beauté
Dans la plus sombre obscurité
Se fait une insensible voie,
Ne vous laisse pas ignorer
Que c'est le comble de ma joie
Que l'honneur de vous adorer.

Mais pourrois-je n'obéir pas
Au Destin, de qui le compas
Marque à chacun son aventure,
Puisqu'en leur propre adversité
Les Dieux tout-puissants de nature

Cèdent à la nécessité ?

Pour le moins j'ai ce réconfort,
Que les derniers traits de la mort
Sont peints en mon visage blême,
Et font voir assez clair à tous,
Que c'est m'arracher à moi-même
Que de me séparer de vous.

Un lâche espoir de revenir
Tâche en vain de m'entretenir ;
Ce qu'il me propose m'irrite ;
Et mes vœux n'auront point de lieu,
Si par le trépas je n'évite
La douleur de vous dire adieu.

XXXVIII

POUR METTRE DEVANT LES HEURES DE CALISTE.

(1615.)

Tant que vous serez sans amour,
Caliste, priez nuit et jour,
Vous n'aurez point miséricorde ;
Ce n'est pas que Dieu ne soit doux ;
Mais pensez-vous qu'il vous accorde
Ce qu'on ne peut avoir de vous?

XXXIX

AUTRE SUR LE MÊME SUJET.

Prier Dieu qu'il vous soit propice,
Tant que vous me tourmenterez,
C'est le prier d'une injustice ;
Faites-moi grâce, et vous l'aurez.

XL

SONNET [1] (1615).

Quoi donc ! c'est un arrêt qui n'épargne personne,
Que rien n'est ici-bas heureux parfaitement,
Et qu'on ne peut au monde avoir contentement
Qu'un funeste malheur aussitôt n'empoisonne !

La santé de mon prince en la guerre étoit bonne ;
Il vivoit aux combats comme en son élément.
Depuis que dans la paix il règne absolument,
Tous les jours la douleur quelque atteinte lui donne.

Dieux, à qui nous devons ce miracle des rois,
Qui du bruit de sa gloire, et de ses justes lois
Invite à l'adorer tous les yeux de la terre ;

1. Sur un fort accès de goutte qu'avait eu le Roi.

Puisque seul après vous il est notre soutien,
Quelques malheureux fruits que produise la guerre,
N'ayons jamais la paix, et qu'il se porte bien.

XLI

BALLET DE LA REINE.

(1609).

La Renommée au Roi.

Pleine de langues et de voix,
O Roi le miracle des rois,
Je viens de voir toute la terre,
Et publier en ses deux bouts
Que pour la paix ni pour la guerre
Il n'est rien de pareil à vous.

Par ce bruit je vous ai donné
Un renom qui n'est terminé
Ni de fleuve, ni de montagne ;
Et par lui j'ai fait desirer
A la troupe que j'accompagne
De vous voir, et vous adorer.

Ce sont douze rares beautés,
Qui de si dignes qualités
Tirent un cœur à leur service,
Que leur souhaiter plus d'appas,
C'est vouloir avec injustice
Ce que les cieux ne peuvent pas.

L'Orient qui de leurs aïeux
Sait les titres ambitieux,
Donne à leur sang un avantage,
Qu'on ne leur peut faire quitter,
Sans être issu du parentage,
Ou de vous, ou de Jupiter.

Tout ce qu'à façonner un corps
Nature assemble de trésors,
Est en elles sans artifice ;
Et la force de leurs esprits,
D'où jamais n'approche le vice,
Fait encore accroître leur prix.

Elles souffrent bien que l'Amour
Par elles fasse chaque jour
Nouvelle preuve de ses charmes ;
Mais sitôt qu'il les veut toucher,
Il reconnoît qu'il n'a point d'armes
Qu'elles ne fassent reboucher[1].

Reboucher, rebrousser, émousser, s'émousser.

Loin des vaines impressions
De toutes folles passions,
La vertu leur apprend à vivre ;
Et dans la cour leur fait des lois,
Que Diane auroit peine à suivre
Au plus grand silence des bois.

Une reine qui les conduit,
De tant de merveilles reluit,
Que le soleil qui tout surmonte,
Quand même il est plus flamboyant,
S'il étoit sensible à la honte,
Se cacheroit en la voyant.

Aussi le temps a beau courir,
Je la ferai toujours fleurir
Au rang des choses éternelles ;
Et non moins que les immortels,
Tant que mon dos aura des ailes,
Son image aura des autels.

Grand roi, faites-leur bon accueil ;
Louez leur magnanime orgueil,
Que vous seul avez fait ployable ;
Et vous acquerrez sagement,
Afin de me rendre croyable,
La faveur de leur jugement.

Jusqu'ici vos faits glorieux
Peuvent avoir des envieux ;

Mais quelles âmes si farouches
Oseront douter de ma foi,
Quand on verra leurs belles bouches
Les raconter avecque moi ?

XLII

BALLET DE MADAME.

(1620).

De petites Nymphes qui mènent l'Amour prisonnier.

AU ROI.

A la fin tant d'amants dont les âmes blessées
  Languissent nuit et jour,
Verront sur leur auteur leurs peines renversées,
Et seront consolés aux dépens de l'Amour.

Ce public ennemi, cette peste du monde,
  Que l'erreur des humains
Fait le maître absolu de la terre et de l'onde,
Se trouve à la merci de nos petites mains.

Nous le vous amenons dépouillé de ses armes,

O Roi, l'astre des rois ;
Quittez votre bonté, moquez-vous de ses larmes,
Et lui faites sentir la rigueur de vos lois.

Commandez que sans grâce on lui fasse justice;
Ilsera malaisé
Que sa vaine éloquence ait assez d'artifice
Pour démentir les faits dont il est accusé.

Jamais ses passions, par qui chacun soupire,
Ne nous ont fait d'ennui ;
Mais c'est un bruit commun que dans tout votre empire
Il n'est point de malheur qui ne vienne de lui.

Mars, qui met sa louange à déserter [1] la terre
Par des meurtres épais,
N'a rien de si tragique aux fureurs de la guerre,
Comme ce déloyal aux douceurs de la paix.

Mais sans qu'il soit besoin d'en parler davantage,
Votre seule valeur,
Qui de son impudence a ressenti l'outrage,
Vous fournit-elle pas une juste douleur

Ne mêlez rien de lâche à vos hautes pensées
Et par quelques appas

---

1. *Déserter*, rendre déserte.

Qu'il demande merci de ses fautes passées,
Imitez son exemple à ne pardonner pas.

L'ombre de vos lauriers admirés de l'envie
   Fait l'Europe trembler;
Attachez bien ce monstre, ou le privez de vie,
Vous n'aurez jamais rien qui vous puisse troubler.

XLIII

POUR ALCANDRE[1].

STANCES (1630).

Quelque ennui donc qu'en cette absence
Avec une injuste licence
Le destin me fasse endurer,
Ma peine lui semble petite,
Si chaque jour il ne l'irrite
D'un nouveau sujet de pleurer.

Paroles que permet la rage
A l'innocence qu'on outrage,
C'est aujourd'hui votre saison ;
Faites-vous ouïr en ma plainte ;

---

1. *Alcandre*, Henri IV. Cette pièce et les quatre suivantes ont été composées pour le Roi et par son ordre, à l'occasion de sa passion pour Charlotte de Montmorency, princesse de Condé.

Jamais l'âme n'est bien atteinte,
Quand on parle avecque raison.

O fureurs, dont même les Scythes
N'useroient pas vers des mérites
Qui n'ont rien de pareil à soi,
Ma dame est captive, et son crime
C'est que je l'aime, et qu'on estime
Qu'elle en fait de même de moi.

Rochers, où mes inquiétudes
Viennent chercher les solitudes,
Pour blasphémer contre le sort,
Quittez la demeure où vous êtes,
Je suis plus rocher que vous n'êtes,
De le voir, et n'être pas mort.

Assez de preuves à la guerre,
D'un bout à l'autre de la terre,
Ont fait paroître ma valeur;
Ici je renonce à la gloire,
Et ne veux point d'autre victoire
Que de céder à ma douleur.

Quelquefois les Dieux pitoyables
Terminent des maux incroyables;
Mais en un lieu que tant d'appas
Exposent à la jalousie,
Ne seroit-ce pas frénésie
De ne les en soupçonner pas?

Qui ne sait combien de mortelles
Les ont fait soupirer pour elles,
Et d'un conseil audacieux,
En bergers, bêtes, et Satyres,
Afin d'apaiser leurs martyres,
Les ont fait descendre des cieux?

Non, non, si je veux un remède,
C'est de moi qu'il faut qu'il procède ;
Sans les importuner de rien,
J'ai su faire la délivrance
Du malheur de toute la France,
Je la saurai faire du mien.

Hâtons donc ce fatal ouvrage ;
Trouvons le salut au naufrage ;
Et multiplions dans les bois
Les herbes dont les feuilles peintes
Gardent les sanglantes empreintes
De la fin tragique des rois[1].

Pour le moins la haine et l'envie
Ayant leur rigueur assouvie
Quand j'aurai clos mon dernier jour,
Oranthe[2] sera sans alarmes,
Et mon trépas aura des larmes
De quiconque aura de l'amour.

---

1. Allusion à l'hyacinthe des poëtes, née du sang du jeune Hyacinthe et de celui d'Ajax.
2. Charlotte de Montmorency.

A ces mots tombant sur la place,
Transi d'une mortelle glace,
Alcandre cessa de parler;
La nuit assiégea ses prunelles,
Et son âme étendant les ailes
Fut toute prête à s'envoler.

« Que fais-tu, monarque adorable,
Lui dit un Démon favorable,
En quels termes te réduis-tu?
Veux-tu succomber à l'orage,
Et laisser perdre à ton courage
Le nom qu'il a pour sa vertu?

« N'en doute point, quoi qu'il advienne,
La belle Oranthe sera tienne;
C'est chose qui ne peut faillir;
Le temps adoucira les choses,
Et tous deux vous aurez des roses,
Plus que vous n'en saurez cueillir. »

XLIV

POUR ALCANDRE AU RETOUR D'ORANTHE
A FONTAINEBLEAU.

stances (1620).

Revenez, mes plaisirs, ma dame est revenue ;
Et les vœux que j'ai faits pour revoir ses beaux yeux,
Rendant par mes soupirs ma douleur reconnue,
    Ont eu grâce des cieux.

Les voici de retour ces astres adorables,
Où prend mon Océan son flux et son reflux ;
Soucis, retirez-vous, cherchez les misérables ;
    Je ne vous connois plus.

Peut-on voir ce miracle, où le soin de nature
A semé comme fleurs tant d'aimables appas,
Et ne confesser point qu'il n'est pire aventure
    Que de ne la voir pas ?

Certes l'autre soleil d'une erreur vagabonde
Court inutilement par ses douze maisons;
C'est elle, et non pas lui, qui fait sentir au monde
    Le change des saisons.

Avecque sa beauté toutes beautés arrivent;
Ces déserts sont jardins de l'un à l'autre bout;
Tant l'extrême pouvoir des Grâces qui la suivent
    Les pénètre partout.

Ces bois en ont repris leur verdure nouvelle;
L'orage en est cessé, l'air en est éclairci;
Et même ces canaux ont leur course plus belle
    Depuis qu'elle est ici.

De moi, que les respects obligent au silence,
J'ai beau me contrefaire, et beau dissimuler;
Les douceurs où je nage ont une violence
    Qui ne se peut celer.

Mais, ô rigueur du sort! tandis que je m'arrête
A chatouiller mon âme en ce contentement,
Je ne m'aperçois pas que le Destin m'apprête
    Un autre partement.

Arrière ces pensers que la crainte m'envoie;
Je ne sais que trop bien l'inconstance du sort;
Mais de m'ôter le goût d'une si chère joie,
    C'est me donner la mort.

XLV

ALCANDRE PLAINT LA CAPTIVITÉ DE SA MAÎTRESSE.

STANCES [1] (1615).

Que d'épines, Amour, accompagnent tes roses !
Que d'une aveugle erreur tu laisses toutes choses
  A la merci du sort !
Qu'en tes prospérités à bon droit on soupire !
Et qu'il est malaisé de vivre en ton empire,
  Sans desirer la mort !

Je sers, je le confesse, une jeune merveille,
En rares qualités à nulle autre pareille,
  Seule semblable à soi ;
Et, sans faire le vain, mon aventure est telle,
Que de la même ardeur que je brûle pour elle,
  Elle brûle pour moi.

1. Mises en musique par Boesset, en 1617.

Mais parmi tout cet heur, ô dure Destinée !
Que de tragiques soins, comme oiseaux de Phinée[1],
      Sens-je me dévorer !
Et ce que je supporte avecque patience,
Ai-je quelque ennemi, s'il n'est sans conscience,
      Qui le vit sans pleurer ?

La mer a moins de vents qui ses vagues irritent,
Que je n'ai de pensers qui tous me sollicitent
      D'un funeste dessein ;
Je ne trouve la paix qu'à me faire la guerre ;
Et si l'enfer est fable au centre de la terre,
      Il est vrai dans mon sein.

Depuis que le soleil est dessus l'hémisphère,
Qu'il monte, ou qu'il descende, il ne me voit rien faire
      Que plaindre et soupirer ;
Des autres actions j'ai perdu la coutume,
Et ce qui s'offre à moi, s'il n'a de l'amertume,
      Je ne puis l'endurer.

Comme la nuit arrive, et que par le silence,
Qui fait des bruits du jour cesser la violence,
      L'esprit est relâché,
Je vois de tous côtés sur la terre et sur l'onde,
Les pavots qu'elle sème assoupir tout le monde,
      Et n'en suis point touché.

S'il m'advient quelquefois de clore les paupières,

---

[1]. Les Harpies.

Aussitôt ma douleur en nouvelles matières
     Fait de nouveaux efforts ;
Et de quelque souci qu'en veillant je me ronge,
Il ne me trouble point comme le meilleur songe
     Que je fais quand je dors.

Tantôt cette beauté, dont ma flamme est le crime,
M'apparoît à l'autel, où comme une victime
     On la veut égorger ;
Tantôt je me la vois d'un pirate ravie ;
Et tantôt la fortune abandonne sa vie
     A quelque autre danger.

En ces extrémités la pauvrette s'écrie :
« Alcandre, mon Alcandre, ôte-moi, je te prie,
     Du malheur où je suis. »
La fureur me saisit, je mets la main aux armes ;
Mais son destin m'arrête, et lui donner des larmes,
     C'est tout ce que je puis.

Voilà comme je vis, voilà ce que j'endure,
Pour une affection que je veux qui me dure
     Au delà du trépas ;
Tout ce qui me la blâme offense mon oreille,
Et qui veut m'affliger, il faut qu'il me conseille
     De ne m'affliger pas.

On me dit qu'à la fin toute chose se change,
Et qu'avecque le temps les beaux yeux de mon Ange
     Reviendront m'éclairer ;

Mais voyant tous les jours ses chaînes se rétraindre,
Désolé que je suis ! que ne dois-je point craindre,
    Ou que puis-je espérer ?

Non, non, je veux mourir ; la raison m'y convie ;
Aussi bien le sujet qui m'en donne l'envie
    Ne peut être plus beau ;
Et le sort qui détruit tout ce que je consulte,
Me fait voir assez clair que jamais ce tumulte
    N'aura paix qu'au tombeau.

Ainsi le grand Alcandre aux campagnes de Seine
Faisoit, loin de témoins, le récit de sa peine,
    Et se fondoit en pleurs ;
Le fleuve en fut ému ; ses Nymphes se cachèrent ;
Et l'herbe du rivage, où ses larmes touchèrent,
    Perdit toutes ses fleurs.

XLVI

SUR LE MÊME SUJET.

STANCES [1] (1615).

Que n'êtes-vous lassées,
 Mes tristes pensées,
De troubler ma raison?
Et faire avecque blâme
 Rebeller mon âme
Contre ma guérison?

Que ne cessent mes larmes,
 Inutiles armes?
Et que n'ôte des cieux
La fatale ordonnance
 A ma souvenance
Ce qu'elle ôte à mes yeux?

1. Mises en musique par Guesdron.

O beauté nonpareille,
  Ma chère merveille,
Que le rigoureux sort
Dont vous m'êtes ravie
  Aimeroit ma vie
S'il m'envoyoit la mort!

Quelles pointes de rage
  Ne sent mon courage,
De voir que le danger
En vos ans les plus tendres
  Menace vos cendres
D'un cercueil étranger?

Je m'impose silence
  En la violence
Que me fait le malheur;
Mais j'accrois mon martyre;
  Et n'oser rien dire
M'est douleur sur douleur.

Aussi suis-je un squelette;
  Et la violette,
Qu'un froid hors de saison,
Ou le soc a touchée,
  De ma peau séchée
Est la comparaison.

Dieu, qui les destinées
  Les plus obstinées
Tournez de mal en bien,

Après tant de tempêtes
　　Mes justes requêtes
N'obtiendront-elles rien ?

Avez-vous eu les titres
　　D'absolus arbitres
De l'état des mortels,
Pour être inexorables
　　Quand les misérables
Implorent vos autels ?

Mon soin n'est point de faire
　　En l'autre hémisphère
Voir mes actes guerriers ;
Et jusqu'aux bords de l'onde
　　Où finit le monde,
Acquérir des lauriers.

Deux beaux yeux sont l'empire
　　Pour qui je soupire ;
Sans eux rien ne m'est doux ;
Donnez-moi cette joie
　　Que je les revoie,
Je suis Dieu comme vous.

XLVII

STANCES (1611).

Donc cette merveille des cieux,
Pour ce qu'elle est chère à mes yeux,
En sera toujours éloignée ;
Et mon impatiente amour,
Par tant de larmes témoignée,
N'obtiendra jamais son retour ?

Mes vœux donc ne servent de rien ;
Les Dieux, ennemis de mon bien,
Ne veulent plus que je la voie ;
Et semble que les rechercher
De me permettre cette joie,
Les invite à me l'empêcher.

O beauté, reine des beautés,
Seule de qui les volontés
Président à ma destinée,

Pourquoi n'est comme la toison
Votre conquête abandonnée
A l'effort de quelque Jason?

Quels feux, quels dragons, quels taureaux,
Quelle horreur de monstres nouveaux,
Et quelle puissance de charmes,
Garderoit que jusqu'aux enfers
Je n'allasse avecque les armes
Rompre vos chaînes et vos fers?

N'ai-je pas le cœur aussi haut,
Et pour oser tout ce qu'il faut
Un aussi grand desir de gloire,
Que j'avois lorsque je couvri
D'exploits d'éternelle mémoire
Les plaines d'Arques et d'Ivri?

Mais quoi? ces lois dont la rigueur
Tiennent mes souhaits en langueur
Règnent avec un tel empire,
Que si le ciel ne les dissout,
Pour pouvoir ce que je desire
Ce n'est rien que de pouvoir tout.

Je ne veux point en me flattant
Croire que le sort inconstant
De ces tempêtes me délivre;
Quelque espoir qui se puisse offrir,
Il faut que je cesse de vivre
Si je veux cesser de souffrir.

Arrière donc ces vains discours,
Qu'après les nuits viennent les jours,
Et le repos après l'orage;
Autre sorte de réconfort
Ne me satisfait le courage,
Que de me résoudre à la mort.

C'est là que de tout mon tourment
Se bornera le sentiment;
Ma foi seule, aussi pure et belle
Comme le sujet en est beau,
Sera ma compagne éternelle,
Et me suivra dans le tombeau.

Ainsi d'une mourante voix
Alcandre au silence des bois
Témoignoit ses vives atteintes;
Et son visage sans couleur
Faisoit connoître que ses plaintes
Étoient moindres que sa douleur.

Oranthe qui par les zéphyrs
Reçut les funestes soupirs
D'une passion si fidèle,
Le cœur outré de même ennui,
Jura que s'il mouroit pour elle,
Elle mouroit avecque lui.

XLVIII

POUR MADEMOISELLE DE CONTI, MARIE DE BOURBON[1].

(1627.)

N'égalons point cette petite
Aux Déesses que nous récite
　L'histoire du temps passé,
Tout cela n'est qu'une chimère ;
Il faut dire, pour dire assez :
Elle est belle comme sa mère.

1. Morte au berceau.

XLIX

ÉPITAPHE DE LA MÊME.

SONNET (1627).

Tu vois, passant, la sépulture
D'un chef-d'œuvre si précieux,
Qu'avoir mille rois pour aïeux
Fut le moins de son aventure.

O quel affront à la nature,
Et quelle injustice des cieux
Qu'un moment ait fermé les yeux
D'une si belle créature !

On doute pour quelle raison
Les Destins si hors de saison
De ce monde l'ont appelée.

Mais leur prétexte le plus beau,
C'est que la terre étoit brûlée
S'ils n'eussent tué ce flambeau.

L

A MONSEIGNEUR LE DAUPHIN.

SONNET (1615).

Que l'honneur de mon prince est cher aux destinées !
Que le Démon est grand qui lui sert de support !
Et que visiblement un favorable sort
Tient ses prospérités l'une à l'autre enchaînées !

Ses filles sont encore en leurs tendres années,
Et déjà leurs appas ont un charme si fort,
Que les rois les plus grands du Ponant et du Nord,
Brûlent d'impatience après leurs hyménées.

Pensez à vous, Dauphin, j'ai prédit en mes vers
Que le plus grand orgueil de tout cet univers,
Quelque jour à vos pieds doit abaisser la tête ;

Mais ne vous flattez point de ces vaines douceurs,
Si vous ne vous hâtez d'en faire la conquête,
Vous en serez frustré par les yeux de vos sœurs.

LI

PLAINTE SUR UNE ABSENCE.

STANCES (1615).

Complices de ma servitude,
Pensers où mon inquiétude
Trouve son repos desiré,
Mes fidèles amis, et mes vrais secrétaires,
Ne m'abandonnez point en ces lieux solitaires;
C'est pour l'amour de vous que j'y suis retiré.

Partout ailleurs je suis en crainte;
Ma langue demeure contrainte;
Si je parle c'est à regret;
Je pèse mes discours, je me trouble et m'étonne;
Tant j'ai peu d'assurance en la foi de personne;
Mais à vous je suis libre, et n'ai rien de secret.

Vous lisez bien en mon visage

Ce que je souffre en ce voyage,
Dont le ciel m'a voulu punir;
Et savez bien aussi que je ne vous demande,
Étant loin de ma dame, une grâce plus grande
Que d'aimer sa mémoire, et m'en entretenir.

Dites-moi donc sans artifice,
Quand je lui vouai mon service,
Faillis-je en mon élection?
N'est-ce pas un objet digne d'avoir un temple?
Et dont les qualités n'ont jamais eu d'exemple,
Comme il n'en fut jamais de mon affection?

Au retour des saisons nouvelles
Choisissez les fleurs les plus belles,
De qui la campagne se peint;
En trouverez-vous une, où le soin de nature
Ait avecque tant d'art employé sa peinture,
Qu'elle soit comparable aux roses de son teint?

Peut-on assez vanter l'ivoire
De son front, où sont en leur gloire
La douceur et la majesté?
Ses yeux, moins à des yeux qu'à des soleils semblables,
Et de ses beaux cheveux les nœuds inviolables,
D'où n'échappe jamais rien qu'elle ait arrêté?

Ajoutez à tous ces miracles
Sa bouche, de qui les oracles
Ont toujours de nouveaux trésors;
Prenez garde à ses mœurs, considérez-la toute;

Ne m'avoûrez-vous pas que vous êtes en doute
Ce qu'elle a plus parfait, ou l'esprit, ou le corps?

    Mon roi par son rare mérite
    A fait que la terre est petite
    Pour un nom si grand que le sien;
Mais si mes longs travaux faisoient cette conquête,
Quelques fameux lauriers qui lui couvrent la tête,
Il n'en auroit pas un qui fût égal au mien.

    Aussi quoique l'on me propose
    Que l'espérance m'en est close,
    Et qu'on n'en peut rien obtenir,
Puisqu'à si beau dessein mon desir me convie,
Son extrême rigueur me coûtera la vie,
Ou mon extrême foi m'y fera parvenir.

    Si les tigres les plus sauvages
    Enfin apprivoisent leurs rages,
    Flattés par un doux traitement,
Par la même raison pourquoi n'est-il croyable
Qu'à la fin mes ennuis la rendront pitoyable,
Pourvu que je la serve à son contentement?

    Toute ma peur est que l'absence
    Ne lui donne quelque licence
    De tourner ailleurs ses appas;
Et qu'étant, comme elle est, d'un sexe variable,
Ma foi, qu'en me voyant elle avoit agréable,
Ne lui soit contemptible en ne me voyant pas.

Amour a cela de Neptune,
Que toujours à quelque infortune
Il se faut tenir préparé ;
Ses infidèles flots ne sont point sans orages ;
Aux jours les plus sereins on y fait des naufrages ;
Et même dans le port on est mal assuré.

Peut-être qu'à cette même heure
Que je languis, soupire, et pleure,
De tristesse me consumant,
Elle qui n'a souci de moi, ni de mes larmes,
Étale ses beautés, fait montre de ses charmes,
Et met en ses filets quelque nouvel amant.

Tout beau, pensers mélancoliques,
Auteurs d'aventures tragiques,
De quoi m'osez-vous discourir?
Impudents boute-feux de noise et de querelle,
Ne savez-vous pas bien que je brûle pour elle,
Et que me la blâmer c'est me faire mourir?

Dites-moi qu'elle est sans reproche,
Que sa constance est une roche,
Que rien n'est égal à sa foi ;
Prêchez-moi ses vertus, contez-m'en des merveilles ;
C'est le seul entretien qui plaît à mes oreilles ;
Mais pour en dire mal n'approchez point de moi.

LII

VERS FUNÈBRES
SUR LA MORT DE HENRI LE GRAND[1].

STANCES (1630).

Enfin l'ire du ciel, et sa fatale envie,
Dont j'avois repoussé tant d'injustes efforts,
Ont détruit ma fortune, et sans m'ôter la vie
    M'ont mis entre les morts.

Henri, ce grand Henri, que les soins de nature
Avoient fait un miracle aux yeux de l'univers,
Comme un homme vulgaire est dans la sépulture
    A la merci des vers.

Belle âme, beau patron des célestes ouvrages,
Qui fus de mon espoir l'infaillible recours,

---

1. Henri IV avait été assassiné le 14 mai 1610.

Qu'elle nuit fut pareille aux funestes ombrages
    Où tu laisses mes jours?

C'est bien à tout le monde une commune plaie,
Et le malheur que j'ai chacun l'estime sien;
Mais en quel autre cœur est la douleur si vraie,
    Comme elle est dans le mien?

Ta fidèle compagne, aspirant à la gloire
Que son affliction ne se puisse imiter,
Seule de cet ennui me débat la victoire,
    Et me la fait quitter.

L'image de ses pleurs, dont la source féconde
Jamais depuis ta mort ses vaisseaux n'a taris,
C'est la Seine en fureur qui déborde son onde
    Sur les quais de Paris.

Nulle heure de beau temps ses orages n'essuie,
Et sa grâce divine endure en ce tourment
Ce qu'endure une fleur que la bise ou la pluie
    Bat excessivement.

Quiconque approche d'elle a part à son martyre,
Et par contagion prend sa triste couleur;
Car pour la consoler que lui sauroit-on dire
    En si juste douleur?

Reviens la voir, grande âme, ôte-lui cette nue,

Dont la sombre épaisseur aveugle sa raison,
Et fais du même lieu d'où sa peine est venue,
   Venir sa guérison.

Bien que tout réconfort lui soit une amertume,
Avec quelque douceur qu'il lui soit présenté,
Elle prendra le tien, et selon sa coutume
   Suivra ta volonté.

Quelque soir en sa chambre apparois devant elle,
Non le sang en la bouche, et le visage blanc,
Comme tu demeuras sous l'atteinte mortelle
   Qui te perça le flanc.

Viens-y tel que tu fus, quand aux monts de Savoie
Hymen en robe d'or te la vint amener;
Ou tel qu'à Saint-Denis entre nos cris de joie
   Tu la fis couronner.

Après cet essai fait, s'il demeure inutile,
Je ne connois plus rien qui la puisse toucher;
Et sans doute la France aura, comme Sipyle[1],
   Quelque fameux rocher.

Pour moi, dont la foiblesse à l'orage succombe,
Quand mon heur abattu pourroit se redresser,

---

1. On s'accorde aujourd'hui à placer le mont Sipyle en Lydie, sur la côte ouest de l'Anatolie. C'est à son sommet que Niobé, « dont le visage, dit Sophocle dans *Antigone* (v. 829), est inondé de larmes qui ne tarissent jamais, » fut changée en rocher.

J'ai mis avecque toi mes desseins en la tombe,
    Je les y veux laisser.

Quoi que pour m'obliger fasse la destinée,
Et quelque heureux succès qui me puisse arriver,
Je n'attends mon repos qu'en l'heureuse journée
    Où je t'irai trouver.

Ainsi de cette cour l'honneur et la merveille
Alcippe[1] soupiroit, prêt à s'évanouir.
On l'auroit consolé ; mais il ferme l'oreille,
    De peur de rien ouïr.

1. Le duc de Bellegarde.

LIII

A LA REINE, MÈRE DU ROI, SUR LES HEUREUX
SUCCÈS DE SA RÉGENCE.

ODE (1611).

Nymphe qui jamais ne sommeilles,
Et dont les messagers divers
En un moment sont aux oreilles
Des peuples de tout l'univers;
Vole vite, et de la contrée
Par où le jour fait son entrée
Jusqu'au rivage de Calis[1],
Conte sur la terre et sur l'onde,
Que l'honneur unique du monde,
C'est la Reine des fleurs de lis.

---

1. Pendant une partie du dix-septième siècle, on disait indifféremment en France (et, à ce qu'il paraît, en Espagne) Cadiz ou Calis.

Quand son Henri, de qui la gloire
Fut une merveille à nos yeux,
Loin des hommes s'en alla boire
Le nectar avecque les Dieux,
En cette aventure effroyable
A qui ne sembloit-il croyable
Qu'on alloit voir une saison,
Où nos brutales perfidies
Feroient naître des maladies
Qui n'auroient jamais guérison ?

Qui ne pensoit que les Furies
Viendroient des abîmes d'enfer,
En de nouvelles barbaries
Employer la flamme et le fer ?
Qu'un débordement de licence
Feroit souffrir à l'innocence
Toute sorte de cruautés ?
Et que nos malheurs seroient pires
Que naguères sous les Busires[1]
Que cet Hercule avoit domptés ?

Toutefois depuis l'infortune
De cet abominable jour,
A peine la quatrième lune
Achève de faire son tour ;
Et la France a les destinées
Pour elle tellement tournées
Contre les vents séditieux,
Qu'au lieu de craindre la tempête,

---

1. *Busires*, Busiris.

Il semble que jamais sa tête,
Ne fut plus voisine des cieux.

Au delà des bords de la Meuse[1]
L'Allemagne a vu nos guerriers,
Par une conquête fameuse[1]
Se couvrir le front de lauriers.
Tout a fléchi sous leur menace ;
L'Aigle même leur a fait place ;
Et les regardant approcher
Comme lions à qui tout cède,
N'a point eu de meilleur remède,
Que de fuir, et se cacher.

O Reine, qui pleine de charmes
Pour toute sorte d'accidents,
As borné le flux de nos larmes
En ces miracles évidents ;
Que peut la fortune publique
Te vouer d'assez magnifique,
Si mise au rang des immortels,
Dont la vertu suit les exemples,
Tu n'as avec eux dans nos temples,
Des images et des autels ?

Que sauroit enseigner aux princes
Le grand Démon qui les instruit,
Dont ta sagesse en nos provinces
Chaque jour n'épande le fruit ?
Et qui justement ne peut dire,

---

1. La prise de Juliers par le maréchal de la Châtre.

A te voir régir cet empire,
Que si ton heur étoit pareil
A tes admirables mérites,
Tu ferois dedans ses limites
Lever et coucher le soleil?

Le soin qui reste à nos pensées,
O bel astre, c'est que toujours
Nos félicités commencées
Puissent continuer leur cours.
Tout nous rit, et notre navire
A la bonace qu'il desire;
Mais si quelque injure du sort
Provoquoit l'ire de Neptune,
Quel excès d'heureuse fortune
Nous garantiroit de la mort?

Assez de funestes batailles
Et de carnages inhumains
Ont fait en nos propres entrailles
Rougir nos déloyales mains;
Donne ordre que sous ton génie
Se termine cette manie;
Et que las de perpétuer
Une si longue malveillance,
Nous employions notre vaillance
Ailleurs qu'à nous entre-tuer.

La discorde aux crins de couleuvres,
Peste fatale aux potentats,
Ne finit ses tragiques œuvres
Qu'en la fin même des États;
D'elle naquit la frénésie

De la Grèce contre l'Asie,
Et d'elle prirent le flambeau
Dont ils désolèrent leur terre,
Les deux frères de qui la guerre
Ne cessa point dans le tombeau[1].

C'est en la paix que toutes choses
Succèdent selon nos desirs ;
Comme au printemps naissent les roses,
En la paix naissent les plaisirs ;
Elle met les pompes aux villes,
Donne aux champs les moissons fertiles,
Et de la majesté des lois
Appuyant les pouvoirs suprêmes,
Fait demeurer les diadèmes
Fermes sur la tête des rois.

Ce sera dessous cette égide,
Qu'invincible de tous côtés,
Tu verras ces peuples sans bride
Obéir à tes volontés ;
Et surmontant leur espérance,
Remettras en telle assurance
Leur salut qui fut déploré,
Que vivre au siècle de Marie,
Sans mensonge et sans flatterie,
Sera vivre au siècle doré.

Les Muses, les neuf belles fées,
Dont les bois suivent les chansons,
Rempliront de nouveaux Orphées

---

1. Étéocle et Polynice.

La troupe de leurs nourrissons ;
Tous leurs vœux seront de te plaire ;
Et si ta faveur tutélaire
Fait signe de les avouer,
Jamais ne partit de leurs veilles
Rien qui se compare aux merveilles
Qu'elles feront pour te louer.

En cette hautaine entreprise,
Commune à tous les beaux esprits,
Plus ardent qu'un athlète à Pise[1],
Je me ferai quitter le prix ;
Et quand j'aurai peint ton image,
Quiconque verra mon ouvrage,
Avoûra que Fontainebleau,
Le Louvre, ni les Tuileries,
En leurs superbes galeries
N'ont point un si riche tableau.

Apollon à portes ouvertes
Laisse indifféremment cueillir
Les belles feuilles toujours vertes
Qui gardent les noms de vieillir ;
Mais l'art d'en faire les couronnes
N'est pas su de toutes personnes ;
Et trois ou quatre seulement,
Au nombre desquels on me range,
Peuvent donner une louange
Qui demeure éternellement.

---

1. Pise, ville d'Élide, située à peu de distance d'Olympie, où les jeux olympiques se célébraient tous les quatre ans.

LIV

ÉPITAPHE DE FEU MONSEIGNEUR LE DUC D'ORLÉANS[1].

SONNET (1620).

Plus Mars que Mars de la Thrace,
Mon père victorieux
Aux rois les plus glorieux
Ota la première place.

Ma mère vient d'une race
Si fertile en demi-dieux,
Que son éclat radieux
Toutes lumières efface.

Je suis poudre toutefois ;

1. Second fils de Henri IV, mort au berceau, en 1611.

Tant la Parque a fait ses lois
Égales et nécessaires ;

Rien ne m'en a su parer ;
Apprenez, âmes vulgaires,
A mourir sans murmurer.

LV

A LA REINE, MÈRE DU ROI, SUR LA MORT
DE MONSEIGNEUR LE DUC D'ORLÉANS.

SONNET (1630).

Consolez-vous, Madame, apaisez votre plainte ;
La France, à qui vos yeux tiennent lieu de soleil,
Ne dormira jamais d'un paisible sommeil
Tant que sur votre front la douleur sera peinte.

Rendez-vous à vous-même, assurez votre crainte,
Et de votre vertu recevez ce conseil,
Que souffrir sans murmure est le seul appareil
Qui peut guérir l'ennui dont vous êtes atteinte.

Le ciel, en qui votre âme a borné ses amours,
Étoit bien obligé de vous donner des jours
Qui fussent sans orage, et qui n'eussent point d'ombre.

Mais ayant de vos fils les grands cœurs découverts,
N'a-t-il pas moins failli d'en ôter un du nombre,
Que d'en partager trois en un seul univers ?

LVI

A MONSIEUR DU MAINE, SUR SES OEUVRES
SPIRITUELLES.

SONNET (1611).

Tu me ravis, du Maine, il faut que je l'avoue,
Et tes sacrés discours me charment tellement,
Que le monde aujourd'hui ne m'étant plus que boue,
Je me tiens profané d'en parler seulement.

Je renonce à l'amour, je quitte son empire,
Et ne veux point d'excuse à mon impiété,
Si la beauté des cieux n'est l'unique beauté
Dont on m'orra jamais les merveilles écrire.

Caliste se plaindra de voir si peu durer
La forte passion qui me faisoit jurer
Qu'elle auroit en mes vers une gloire éternelle;

Mais si mon jugement n'est point hors de son lieu,
Dois-je estimer l'ennui de me séparer d'elle,
Autant que le plaisir de me donner à Dieu?

LVII

A LA REINE, MÈRE DU ROI, PENDANT SA RÉGENCE.

STANCES (1620).

Objet divin des âmes et des yeux,
   Reine le chef-d'œuvre des cieux,
Quels doctes vers me feront avouer
    Digne de te louer?

Les monts fameux des vierges que je sers
   Ont-ils des fleurs en leurs déserts
Qui s'efforçant d'embellir ta couleur,
    Ne ternissent la leur?

Le Thermodon[1] a vu seoir autrefois
   Des reines au trône des rois;

---

1. Rivière du Pont, sur les bords de laquelle habitaient les Amazones. C'est aujourd'hui le Termeh.

Mais que vit-il par qui soit débattu
Le prix à ta vertu?

Certes nos lis, quoique bien cultivés,
Ne s'étoient jamais élevés
Au point heureux où les destins amis
Sous ta main les ont mis.

A leur odeur l'Anglois se relâchant,
Notre amitié va recherchant;
Et l'Espagnol, prodige merveilleux!
Cesse d'être orgueilleux.

De tous côtés nous regorgeons de biens;
Et qui voit l'aise où tu nous tiens,
De ce vieux siècle aux fables récité
Voit la félicité.

Quelque discord murmurant bassement,
Nous fit peur au commencement;
Mais sans effet presque il s'évanouit,
Plus tôt qu'on ne l'ouït.

Tu menaças l'orage paroissant,
Et tout soudain obéissant,
Il disparut comme flots courroucés
Que Neptune a tancés.

Que puisses-tu, grand soleil de nos jours,

Faire sans fin le même cours,
Le soin du ciel te gardant aussi bien,
Que nous garde le tien !

Puisses-tu voir sous le bras de ton fils
Trébucher les murs de Memphis ;
Et de Marseille au rivage de Tyr
Son empire aboutir !

Les vœux sont grands ; mais avecque raison
Que ne peut l'ardente oraison ?
Et sans flatter ne sers-tu pas les Dieux
Assez pour avoir mieux ?

LVIII

LES SIBYLLES.

SUR LA FÊTE DES ALLIANCES DE FRANCE ET D'ESPAGNE (1612).

La sibylle Persique.

POUR LA REINE.

Que Bellone et Mars se détachent,
Et de leurs cavernes arrachent
Tous les vents des séditions ;
La France est hors de leur furie,
Tant qu'elle aura pour alcyons
L'heur et la vertu de Marie.

La Libyque.

POUR LA REINE.

Cesse, Pô, d'abuser le monde,
Il est temps d'ôter à ton onde

Sa fabuleuse royauté.
L'Arne, sans en faire autres preuves,
Ayant produit cette beauté,
S'est acquis l'empire des fleuves.

La Delphique.

POUR LES MARIAGES.

La France à l'Espagne s'allie ;
Leur discorde est ensevelie,
Et tous leurs orages finis.
Armes du reste de la terre,
Contre ces deux peuples unis
Qu'êtes-vous que paille et que verre ?

La Cumée [1].

POUR LE MÊME SUJET.

Arrière ces plaintes communes,
Que les plus durables fortunes
Passent du jour au lendemain ;
Les nœuds de ces grands hyménées
Sont-ils pas de la propre main
De ceux qui font les destinées ?

L'Érythrée.

POUR LE MÊME SUJET.

Taisez-vous, funestes langages,

---

1. Sibylle de Cumes en Éolie.

Qui jamais ne faites présages
Où quelque malheur ne soit joint;
La discorde ici n'est mêlée,
Et Thétis n'y soupire point
Pour avoir épousé Pélée.

La Samienne.

POUR LE ROI.

Roi que tout bonheur accompagne,
Vois partir du côté d'Espagne
Un soleil qui te vient chercher;
O vraiment divine aventure,
Que ton respect fasse marcher
Les astres contre leur nature!

La Cumane[1].

POUR LE ROI.

O que l'heur de tes destinées
Poussera tes jeunes années
A de magnanimes soucis;
Et combien te verront épandre
De sang des peuples circoncis
Les flots qui noyèrent Léandre!

L'Hellespontique.

POUR LE ROI.

Soit que le Danube t'arrête,

---

1. Sibylle de Cumes en Campanie.

Soit que l'Euphrate à sa conquête
Te fasse tourner ton desir,
Trouveras-tu quelque puissance,
A qui tu ne fasses choisir
Ou la mort, ou l'obéissance ?

La Phrygienne.

POUR LA REINE.

Courage, Reine sans pareille :
L'esprit sacré qui te conseille
Est ferme en ce qu'il a promis.
Achève, et que rien ne t'arrête ;
Le ciel tient pour ses ennemis
Les ennemis de cette fête.

La Tiburtine.

POUR LA REINE.

Sous ta bonté s'en va renaître
Le siècle où Saturne fut maître ;
Thémis les vices détruira ;
L'honneur ouvrira son école ;
Et dans Seine et Marne luira
Même sablon que dans Pactole.

LIX

SUR LE MÊME SUJET [1].

Donc après un si long séjour,
Fleurs de lis, voici le retour
De vos aventures prospères ;
Et vous allez être à nos yeux
Fraîches comme aux yeux de nos pères
Lorsque vous tombâtes des cieux.

A ce coup s'en vont les Destins
Entre les jeux et les festins
Nous faire couler nos années ;
Et commencer une saison,
Où nulles funestes journées
Ne verront jamais l'horizon.

Ce n'est plus comme auparavant,

---

1. « Une des Sibylles, dit la *Relation de la fête*, chanta ces autres stances au nom de tous les François. »

Que si l'Aurore en se levant
D'aventure nous voyoit rire,
On se pouvoit bien assurer,
Tant la fortune avoit d'empire!
Que le soir nous verroit pleurer.

De toutes parts sont éclaircis
Les nuages de nos soucis;
La sûreté chasse les craintes;
Et la discorde sans flambeau
Laisse mettre avecque nos plaintes
Tous nos soupçons dans le tombeau.

O qu'il nous eût coûté de morts,
O que la France eût fait d'efforts,
Avant que d'avoir par les armes
Tant de provinces qu'en un jour,
Belle Reine, avecque vos charmes
Vous nous acquérez par amour!

Qui pouvoit, sinon vos bontés,
Faire à des peuples indomptés
Laisser leurs haines obstinées,
Pour jurer solennellement,
En la main de deux hyménées,
D'être amis éternellement?

Fleur des beautés et des vertus,
Après nos malheurs abattus
D'une si parfaite victoire,
Quel marbre à la postérité

Fera paroître votre gloire
Au lustre qu'elle a mérité?

Non, non, malgré les envieux
La raison veut qu'entre les Dieux
Votre image soit adorée ;
Et qu'aidant comme eux aux mortels,
Lorsque vous serez implorée,
Comme eux vous ayez des autels.

Nos fastes sont pleins de lauriers
De toute sorte de guerriers ;
Mais, hors de toute flatterie,
Furent-ils jamais embellis
Des miracles que fait Marie
Pour le salut des fleurs de lis?

REPRISE PAR TOUTES LES SIBYLLES.

A ce coup la France est guérie ;
Peuples fatalement sauvés,
Payez les vœux que vous devez
A la sagesse de Marie.

LX

POUR MONSIEUR DE LA CEPPÈDE, SUR SON LIVRE
DE LA PASSION DE NOTRE SEIGNEUR [1].

SONNET (1613).

J'estime la Ceppède, et l'honore, et l'admire,
Comme un des ornements des premiers de nos jours ;
Mais qu'à sa plume seule on doive ce discours,
Certes, sans le flatter, je ne l'oserois dire.

L'Esprit du Tout-Puissant, qui ses grâces inspire
A celui qui sans feinte en attend le secours,
Pour élever notre âme aux célestes amours,
Sur un si beau sujet l'a fait si bien écrire.

Reine, l'heur de la France, et de tout l'univers,

---

[1]. *Théorèmes sur le sacré mystère de notre Rédemption*, par J. de la Ceppède, seigneur d'Aigalades.

Qui voyez chaque jour tant d'hommages divers,
Que présente la Muse aux pieds de votre image;

Bien que votre bonté leur soit propice à tous,
Ou je n'y connois rien, ou devant cet ouvrage
Vous n'en vîtes jamais qui fût digne de vous.

LXI

POUR LA PUCELLE D'ORLÉANS [1].

ÉPIGRAMME (1613).

L'ennemi tous droits violant,
Belle Amazone, en vous brûlant,
Témoigne son âme perfide;
Mais le Destin n'eut point de tort;
Celle qui vivoit comme Alcide,
Devoit mourir comme il est mort.

1. Ces vers furent composés pour le piédestal de la statue de Jeanne d'Arc sur le pont d'Orléans.

LXII

SUR LE MÊME SUJET.

(1613.)

Passants, vous trouvez à redire
Qu'on ne voit ici rien gravé
De l'acte le plus relevé
Que jamais l'histoire ait fait lire ;
La raison qui vous doit suffire,
C'est qu'en un miracle si haut,
Il est meilleur de ne rien dire
Que ne dire pas ce qu'il faut.

LXIII

PARAPHRASE DU PSAUME CXXVIII[1].

(1615.)

Les funestes complots des âmes forcenées,
Qui pensoient triompher de mes jeunes années,
Ont d'un commun assaut mon repos offensé.
Leur rage a mis au jour ce qu'elle avoit de pire,
     Certes, je le puis dire ;
Mais je puis dire aussi qu'ils n'ont rien avancé.

J'étois dans leurs filets ; c'étoit fait de ma vie ;
Leur funeste rigueur qui l'avoit poursuivie,
Méprisoit le conseil de revenir à soi ;
Et le coutre aiguisé s'imprime sur la terre
     Moins avant, que leur guerre
N'espéroit imprimer ses outrages sur moi.

---

1. Cette pièce et les quatre suivantes furent composées à l'occasion de la première guerre des princes.

Dieu, qui de ceux qu'il aime est la garde éternelle,
Me témoignant contre eux sa bonté paternelle,
A selon mes souhaits terminé mes douleurs.
Il a rompu leur piége, et de quelque artifice
　　　　Qu'ait usé leur malice,
Ses mains qui peuvent tout m'ont dégagé des leurs.

La gloire des méchants est pareille à cette herbe
Qui, sans porter jamais ni javelle ni gerbe,
Croît sur le toit pourri d'une vieille maison ;
On la voit sèche et morte aussitôt qu'elle est née,
　　　　Et vivre une journée
Est réputé pour elle une longue saison.

Bien est-il malaisé que l'injuste licence
Qu'ils prennent chaque jour d'affliger l'innocence
En quelqu'un de leurs vœux ne puisse prospérer ;
Mais tout incontinent leur bonheur se retire,
　　　　Et leur honte fait rire
Ceux que leur insolence avoit fait soupirer.

LXIV

POUR LA REINE, MÈRE DU ROI,
PENDANT SA RÉGENCE.

ODE (1630).

. . . .
. . . .
Si quelque avorton de l'envie
Ose encore lever les yeux,
Je veux bander contre sa vie
L'ire de la terre et des cieux;
Et dans les savantes oreilles
Verser de si douces merveilles,
Que ce misérable corbeau,
Comme oiseau d'augure sinistre,
Banni des rives de Caïstre [1],
S'aille cacher dans le tombeau.

---

1. Le Caïstre, fleuve de Lydie, où l'on disait que les cygnes abondaient.

Venez donc, non pas habillées
Comme on vous trouve quelquefois,
En jupe dessous les feuillées
Dansant au silence des bois.
Venez en robes, où l'on voie
Dessus les ouvrages de soie
Les rayons d'or étinceler;
Et chargez de perles vos têtes,
Comme quand vous allez aux fêtes
Où les Dieux vous font appeler.

Quand le sang bouillant en mes veines
Me donnoit de jeunes desirs,
Tantôt vous soupiriez mes peines,
Tantôt vous chantiez mes plaisirs;
Mais aujourd'hui que mes années
Vers leur fin s'en vont terminées,
Siéroit-il bien à mes écrits
D'ennuyer les races futures
Des ridicules aventures
D'un amoureux en cheveux gris?

Non, vierges, non; je me retire
De tous ces frivoles discours;
Ma Reine est un but à ma lyre,
Plus juste que nulles amours;
Et quand j'aurai, comme j'espère,
Fait ouïr du Gange à l'Ibère
Sa louange à tout l'univers,
Permesse me soit un Cocyte,
Si jamais je vous sollicite
De m'aider à faire des vers.

Aussi bien chanter d'autre chose,
Ayant chanté de sa grandeur,
Seroit-ce pas après la rose
Aux pavots chercher de l'odeur ?
Et des louanges de la lune
Descendre à la clarté commune
D'un de ces feux du firmament,
Qui sans profiter et sans nuire,
N'ont reçu l'usage de luire
Que par le nombre seulement ?

Entre les rois à qui cet âge
Doit son principal ornement,
Ceux de la Tamise et du Tage[1]
Font louer leur gouvernement ;
Mais en de si calmes provinces,
Où le peuple adore les princes,
Et met au degré le plus haut
L'honneur du sceptre légitime,
Sauroit-on excuser le crime
De ne régner pas comme il faut ?

Ce n'est point aux rives d'un fleuve,
Où dorment les vents et les eaux,
Que fait sa véritable preuve
L'art de conduire les vaisseaux ;
Il faut en la plaine salée
Avoir lutté contre Malée[2],
Et près du naufrage dernier

---

1. Jacques Ier et Philippe III.
   Malée, promontoire de Laconie, qui passait pour très-dangereux ; autrefois *Malea*, aujourd'hui cap Saint-Ange.

S'être vu dessous les Pléiades
Éloigné de ports et de rades,
Pour être cru bon marinier.

Ainsi quand la Grèce partie
D'où le mol Anaure couloit,
Traversa les mers de Scythie
En la navire qui parloit,
Pour avoir su des Cyanées
Tromper les vagues forcenées,
Les pilotes du fils d'Éson,
Dont le nom jamais ne s'efface,
Ont gagné la première place
En la fable de la toison.

Ainsi conservant cet empire
Où l'infidélité du sort,
Jointe à la nôtre encore pire,
Alloit faire un dernier effort,
Ma Reine acquiert à ses mérites
Un nom qui n'a point de limites ;
Et ternissant le souvenir
Des reines qui l'ont précédée,
Devient une éternelle idée
De celles qui sont à venir.

Aussitôt que le coup tragique
Dont nous fûmes presque abattus,
Eut fait la fortune publique
L'exercice de ses vertus,
En quelle nouveauté d'orage
Ne fut éprouvé son courage ?

Et quelles malices de flots,
Par des murmures effroyables,
A des vœux à peine payables
N'obligèrent les matelots?

Qui n'ouït la voix de Bellonne,
Lassée d'un repos de douze ans,
Telle que d'un foudre qui tonne,
Appeler tous ses partisans ;
Et déjà les rages extrêmes,
Par qui tombent les diadèmes,
Faire appréhender le retour
De ces combats, dont la manie
Est l'éternelle ignominie
De Jarnac et de Moncontour?

Qui ne voit encore à cette heure
Tous les infidèles cerveaux
Dont la fortune est la meilleure,
Ne chercher que troubles nouveaux ;
Et ressembler à ces fontaines
Dont les conduites souterraines
Passent par un plomb si gâté,
Que toujours ayant quelque tare,
Au même temps qu'on les répare
L'eau s'enfuit d'un autre côté?

La paix ne voit rien qui menace
De faire renaître nos pleurs ;
Tout s'accorde à notre bonace ;
Les hivers nous donnent des fleurs ;
Et si les pâles Euménides,

Pour réveiller nos parricides,
Toutes trois ne sortent d'enfer,
Le repos du siècle où nous sommes
Va faire à la moitié des hommes
Ignorer que c'est que le fer.

Thémis, capitale ennemie
Des ennemis de leur devoir,
Comme un rocher est affermie
En son redoutable pouvoir ;
Elle va d'un pas et d'un ordre
Où la censure n'a que mordre ;
Et les lois qui n'exceptent rien
De leur glaive et de leur balance,
Font tout perdre à la violence
Qui veut avoir plus que le sien.

Nos champs même ont leur abondance,
Hors de l'outrage des voleurs ;
Les festins, les jeux, et la danse
En bannissent toutes douleurs.
Rien n'y gémit, rien n'y soupire ;
Chaque Amarille a son Tityre,
Et sous l'épaisseur des rameaux,
Il n'est place où l'ombre soit bonne,
Qui soir et matin ne résonne
Ou de voix, ou de chalumeaux.

Puis quand ces deux grands hyménées,
Dont le fatal embrassement
Doit aplanir les Pyrénées,
Auront leur accomplissement,

Devons-nous douter qu'on ne voie,
Pour accompagner cette joie,
L'encens germer en nos buissons,
La myrrhe couler en nos rues,
Et sans l'usage des charrues,
Nos plaines jaunir de moissons?

Quelle moins hautaine espérance
Pouvons-nous concevoir alors,
Que de conquêter à la France
La Propontide en ses deux bords?
Et vengeant de succès prospères
Les infortunes de nos pères,
Que tient l'Égypte ensevelis[1],
Aller si près du bout du monde,
Que le soleil sorte de l'onde
Sur la terre des fleurs de lis?

Certes ces miracles visibles
Excédant le penser humain,
Ne sont point ouvrages possibles
A moins qu'une immortelle main.
Et la raison ne se peut dire,
De nous voir en notre navire
A si bon port acheminés,
Ou sans fard et sans flatterie,
C'est Pallas que cette Marie,
Par qui nous sommes gouvernés.

Quoi qu'elle soit, Nymphe ou Déesse,

---

1. Allusion à la première croisade de saint Louis.

De sang immortel ou mortel,
Il faut que le monde confesse
Qu'il ne vit jamais rien de tel ;
Et quiconque fera l'histoire
De ce grand chef-d'œuvre de gloire,
L'incrédule postérité
Rejettera son témoignage,
S'il ne la dépeint belle, et sage,
Au deçà de la vérité.

Grand Henri, grand foudre de guerre,
Que cependant que parmi nous
Ta valeur étonnoit la terre,
Les Destins firent son époux ;
Roi dont la mémoire est sans blâme,
Que dis-tu de cette belle âme,
Quand tu la vois si dignement
Adoucir toutes nos absinthes,
Et se tirer des labyrinthes
Où la met ton éloignement ?

Que dis-tu lors que tu remarques
Après ses pas ton héritier,
De la sagesse des monarques
Monter le pénible sentier ?
Et pour étendre sa couronne,
Croître comme un faon de lionne
Que s'il peut un jour égaler
Sa force avecque sa furie,
Les Nomades n'ont bergerie
Qu'il ne suffise à désoler.

Qui doute que si de ses armes

Ilion avoit eu l'appui,
Le jeune Atride avecque larmes
Ne s'en fût retourné chez lui;
Et qu'aux beaux champs de la Phrygie,
De tant de batailles rougie,
Ne fussent encore honorés
Ces ouvrages des mains célestes[1],
Que jusques à leurs derniers restes
La flamme grecque a dévorés?

---

1. Les murs de Troie avaient été bâtis par Apollon et Neptune.

LXV

FRAGMENT SUR LE MÊME SUJET.

(1630.)

O toi, qui d'un clin d'œil sur la terre et sur l'onde
    Fais trembler tout le monde,
Dieu, qui toujours es bon, et toujours l'as été,
Verras-tu concerter à ces âmes tragiques
    Leurs funestes pratiques,
Et ne tonneras point sur leur impiété ?

Voyez en quel état est aujourd'hui la France,
    Hors d'humaine espérance.
Les peuples les plus fiers du couchant et du nord
Ou sont alliés d'elle, ou recherchent de l'être ;
    Et ceux qu'elle a fait naître
Tournent tout leur conseil pour lui donner la mort.

LXVI

PRÉDICTION DE LA MEUSE AUX PRINCES RÉVOLTÉS.

(1630.)

Allez à la malheure, allez, âmes tragiques,
Qui fondez votre gloire aux misères publiques,
　　Et dont l'orgueil ne connoît point de lois.
Allez, fleaux de la France, et les pestes du monde;
Jamais un pas de vous ne reverra mon onde;
　　Regardez-la pour la dernière fois.

LXVII

AUTRE FRAGMENT.

(1630.)

Ames pleines de vent, que la rage a blessées,
Connoissez votre faute, et bornez vos pensées
   En un juste compas;
Attachez votre espoir à de moindres conquêtes;
Briare avoit cent mains, Typhon avoit cent têtes,
Et ce que vous tentez leur coûta le trépas.

Soucis, retirez-vous, faites place à la joie,
Misérable douleur, dont nous sommes la proie;
   Nos vœux sont exaucés;
Les vertus de la Reine, et les bontés célestes,
Ont fait évanouir ces orages funestes,
Et dissipé les vents qui nous ont menacés.

LXVIII

CHANSON [1] (1615).

Ils s'en vont, ces rois de ma vie,
   Ces yeux, ces beaux yeux,
Dont l'éclat fait pâlir d'envie
   Ceux même des cieux.
Dieux amis de l'innocence,
   Qu'ai-je fait pour mériter
Les ennuis où cette absence
   Me va précipiter?

Elle s'en va cette merveille,
   Pour qui nuit et jour,
Quoi que la raison me conseille,
   Je brûle d'amour.
Dieux amis, etc.

---

1. Musique de Boesset. On ne sait si ces vers ont été composés pour Mme de Rambouillet ou pour Mme d'Auchy.

En quel effroi de solitude
    Assez écarté,
Mettrai-je mon inquiétude
    En sa liberté?
Dieux amis, etc.

Les affligés ont en leurs peines
    Recours à pleurer;
Mais quand mes yeux seroient fontaines,
    Que puis-je espérer?
Dieux amis, etc.

LXIX

SONNET [1] (1615).

Celle qu'avoit Hymen à mon cœur attachée,
Et qui fut ici-bas ce que j'aimai le mieux,
Allant changer la terre à de plus dignes lieux,
Au marbre que tu vois sa dépouille a cachée.

Comme tombe une fleur que la bise a séchée,
Ainsi fut abattu ce chef-d'œuvre des cieux;
Et depuis le trépas qui lui ferma les yeux,
L'eau que versent les miens n'est jamais étanchée.

Ni prières, ni vœux ne m'y purent servir;
La rigueur de la mort se voulut assouvir,
Et mon affection n'en put avoir dispense.

s'agit ici de la femme d'Étienne Puget qui, après son veuvage, se fit prêtre et devint évêque de Marseille.

Toi dont la piété vient sa tombe honorer,
Pleure mon infortune, et pour ta récompense
Jamais autre douleur ne te fasse pleurer.

* * *

Belle âme qui fus mon flambeau,
Reçois l'honneur qu'en ce tombeau
Je suis obligé de te rendre ;
Ce que je fais te sert de peu ;
Mais au moins tu vois en la cendre
Comme j'en conserve le feu.

LXX

POUR UNE FONTAINE [1].

(1615.)

Vois-tu, passant, couler cette onde,
Et s'écouler incontinent?
Ainsi fuit la gloire du monde ;
Et rien que Dieu n'est permanent.

1. La fontaine de l'hôtel de Rambouillet.

LXXI

CHANSON (1615)

Sus debout la merveille des belles,
Allons voir sur les herbes nouvelles
Luire un émail, dont la vive peinture
Défend à l'art d'imiter la nature.

L'air est plein d'une haleine de roses,
Tous les vents tiennent leurs bouches closes,
Et le soleil semble sortir de l'onde
Pour quelque amour, plus que pour luire au monde.

On diroit, à lui voir sur la tête
Ses rayons comme un chapeau de fête,
Qu'il s'en va suivre en si belle journée
Encore un coup la fille de Pénée[1].

---

1. Daphné, fille du Pénée, fleuve de la Thessalie.

Toute chose aux délices conspire,
Mettez-vous en votre humeur de rire ;
Les soins profonds d'où les rides nous viennent,
A d'autres ans qu'aux vôtres appartiennent.

Il fait chaud, mais un feuillage sombre
Loin du bruit nous fournira quelque ombre,
Où nous ferons parmi les violettes
Mépris de l'ambre et de ses cassolettes.

Près de nous sur les branches voisines
Des genêts, des houx et des épines,
Le rossignol déployant ses merveilles,
Jusqu'aux rochers donnera des oreilles.

Et peut-être à travers des fougères
Verrons-nous de bergers à bergères
Sein contre sein, et bouche contre bouche,
Naître et finir quelque douce escarmouche.

C'est chez eux qu'Amour est à son aise,
Il y saute, il y danse, il y baise,
Et foule aux pieds les contraintes serviles
De tant de lois qui le gênent aux villes.

O qu'un jour mon âme auroit de gloire
D'obtenir cette heureuse victoire,
Si la pitié de mes peines passées
Vous disposoit à semblables pensées !

Votre honneur, le plus vain des idoles,
Vous remplit de mensonges frivoles.
Mais quel esprit que la raison conseille,
S'il est aimé, ne rend point de pareille ?

LXXII

RÉCIT D'UN BERGER AU BALLET DE MADAME,
PRINCESSE D'ESPAGNE [1].

(1615.)

Houlette de Louis, houlette de Marie,
Dont le fatal appui met notre bergerie
    Hors du pouvoir des loups,
Vous placer dans les cieux en la même contrée
    Des balances d'Astrée,
Est-ce un prix de vertu qui soit digne de vous ?

Vos pénibles travaux, sans qui nos pâturages,

---

1. A la suite d'un ballet dansé par deux jeunes filles parut sur la scène « un berger qui étoit le sieur Marais, homme d'armes de la compagnie de Monsieur le Grand, lequel comme remenant ses troupeaux en l'étable au couchant du soleil, sortit des bois en chantant et alla jusque devant Leurs Majestés, toujours récitant les vers faits par le sieur Malherbe. »

Racan a raconté à Ménage que le poëte, sur la fin de ses jours, « préféroit cette pièce à toutes ses autres. »

Battus depuis cinq ans de grêles et d'orages,
S'en alloient désolés,
Sont-ce pas des effets que même en Arcadie,
Quoi que la Grèce die,
Les plus fameux pasteurs n'ont jamais égalés?

Voyez des bords de Loire, et des bords de Garonne,
Jusques à ce rivage où Téthys se couronne
De bouquets d'orangers,
A qui ne donnez-vous une heureuse bonace,
Loin de toute menace
Et de maux intestins, et de maux étrangers?

Où ne voit-on la paix comme un roc affermie,
Faire à nos Géryons détester l'infamie
De leurs actes sanglants?
Et la belle Cérès en javelles féconde
Oter à tout le monde
La peur de retourner à l'usage des glands?

Aussi dans nos maisons, en nos places publiques,
Ce ne sont que festins, ce ne sont que musiques
De peuples réjouis;
Et que l'astre du jour ou se lève ou se couche,
Nous n'avons en la bouche
Que le nom de Marie, et le nom de Louis.

Certes une douleur quelques âmes afflige,
Qu'un fleuron de nos lis séparé de sa tige
Soit prêt à nous quitter;
Mais quoi qu'on nous augure et qu'on nous fasse craindre,

Élize est-elle à plaindre
D'un bien que tous nos vœux lui doivent souhaiter

Le jeune demi-dieu qui pour elle soupire,
De la fin du couchant termine son empire
　　En la source du jour.
Elle va dans ses bras prendre part à sa gloire ;
　　Quelle malice noire
Peut sans aveuglement condamner leur amour

Il est vrai qu'elle est sage, il est vrai qu'elle est belle,
Et notre affection pour autre que pour elle
　　Ne peut mieux s'employer.
Aussi la nommons-nous la Pallas de cet âge ;
　　Mais que ne dit le Tage
De celle qu'en sa place il nous doit envoyer ?

Esprits malavisés, qui blâmez un échange,
Où se prend et se baille un ange pour un ange,
　　Jugez plus sainement ;
Notre grande bergère a Pan[1] qui la conseille ;
　　Seroit-ce pas merveille
Qu'un dessein qu'elle eût fait n'eût bon événement ?

C'est en l'assemblement de ces couples célestes,
Que si nos maux passés ont laissé quelques restes,
　　Ils vont du tout finir ;
Mopse qui nous l'assure a le don de prédire,

---

1. Le maréchal d'Ancre.

Et les chênes d'Épire
Savent moins qu'il ne sait des choses à venir.

Un siècle renaîtra comblé d'heur et de joie,
Où le nombre des ans sera la seule voie
  D'arriver au trépas ;
Tous venins y mourront comme au temps de nos pères ;
  Et même les vipères
Y piqueront sans nuire, ou n'y piqueront pas.

La terre en tous endroits produira toutes choses,
Tous métaux seront or, toutes fleurs seront roses,
  Tous arbres oliviers ;
L'an n'aura plus d'hiver, le jour n'aura plus d'ombre,
  Et les perles sans nombre
Germeront dans la Seine au milieu des graviers.

Dieux, qui de vos arrêts formez nos destinées,
Donnez un dernier terme à ces grands hyménées,
  C'est trop les différer.
L'Europe les demande, accordez sa requête ;
  Qui verra cette fête,
Pour mourir satisfait n'aura que desirer.

LXXIII

POUR UN BALLET DE MADAME.

(1615.)

Cette Anne[1] si belle,
Qu'on vante si fort,
Pourquoi ne vient-elle ?
Vraiment elle a tort.

Son Louis soupire
Après ses appas;
Que veut-elle dire
De ne venir pas ?

S'il ne la possède
Il s'en va mourir ;

1. Anne d'Autriche.

Donnons-y remède,
Allons la querir.

Assemblons, Marie,
Ses yeux à vos yeux ;
Notre bergerie
N'en vaudra que mieux.

Hâtons le voyage ;
Le siècle doré
En ce mariage
Nous est assuré.

LXXIV

SUR LE MARIAGE DU ROI ET DE LA REINE [1].

STANCES (1620).

Mopse entre les devins l'Apollon de cet âge
    Avoit toujours fait espérer
Qu'un soleil qui naîtroit sur les rives du Tage
En la terre du lis nous viendroit éclairer.

Cette prédiction sembloit une aventure
    Contre le sens et le discours,
N'étant pas convenable aux règles de nature,
Qu'un soleil se levât où se couchent les jours.

Anne, qui de Madrid fut l'unique miracle,
    Maintenant l'aise de nos yeux,

---

1. Ce mariage eut lieu le 25 octobre 1615.

Au sein de notre Mars satisfait à l'oracle,
Et dégage envers nous la promesse des cieux.

Bien est-elle un soleil; et ses yeux adorables
    Déjà vus de tout l'horizon,
Font croire que nos maux seront maux incurables,
Si d'un si beau remède ils n'ont leur guérison.

Quoi que l'esprit y cherche, il n'y voit que des chaînes
    Qui le captivent à ses lois;
Certes c'est à l'Espagne à produire des reines,
Comme c'est à la France à produire des rois.

Heureux couple d'amants, notre grande Marie
    A pour vous combattu le sort;
Elle a forcé les vents, et dompté leur furie;
C'est à vous à goûter les délices du port.

Goûtez-les, beaux esprits, et donnez connoissance,
    En l'excès de votre plaisir,
Qu'à des cœurs bien touchés tarder la jouissance,
C'est infailliblement leur croître le desir.

Les fleurs de votre amour dignes de leur racine,
    Montrent un grand commencement;
Mais il faut passer outre, et des fruits de Lucine
Faire avoir à nos vœux leur accomplissement.

Réservez le repos à ces vieilles années

Par qui le sang est refroidi ;
Tout le plaisir des jours est en leurs matinées ;
La nuit est déjà proche à qui passe midi.

LXXV

POUR METTRE AU DEVANT DU LIVRE DU SIEUR DE LORTIGUES.

(1617.)

Vous dont les censures s'étendent
Dessus les ouvrages de tous,
Ce livre se moque de vous :
Mars et les Muses le défendent.

LXXVI

PROPHÉTIE DU DIEU DE SEINE.

stances (1630).

Va-t'en à la malheure, excrément de la terre[1],
Monstre qui dans la paix fais les maux de la guerre,
　　Et dont l'orgueil ne connoît point de lois ;
En quelque haut dessein que ton esprit s'égare,
Tes jours sont à leur fin, ta chute se prépare,
　　Regarde-moi pour la dernière fois.

C'est assez que cinq ans ton audace effrontée,
Sur des ailes de cire aux étoiles montée,
　　Princes et rois ait osé défier :
La Fortune t'appelle au rang de ses victimes,
Et le ciel, accusé de supporter tes crimes,
　　Est résolu de se justifier.

1. Le maréchal d'Ancre, trop souvent loué, pendant sa vie, par Malherbe.

LXXVII

stances[1] (1620).

Enfin ma patience, et les soins que j'ai pris,
Ont selon mes souhaits adouci les esprits
Dont l'injuste rigueur si longtemps m'a fait plaindre ;
  Cessons de soupirer ;
Grâces à mon destin, je n'ai plus rien à craindre,
  Et puis tout espérer.

Soit qu'étant le soleil, dont je suis enflammé,
Le plus aimable objet qui jamais fut aimé,
On ne m'ait pu nier qu'il ne fût adorable ;
  Soit que d'un oppressé
Le droit bien reconnu soit toujours favorable,
  Les Dieux m'ont exaucé.

---

1. Ces stances furent composées pour Charles Chabot, comte de Charny, amoureux de Mlle de Castille, petite-fille par sa mère du président Jeannin. Il l'épousa en 1620 et mourut, l'année suivante, au siége de Montpellier. Sa veuve se remaria, en 1623, avec le comte de Chalais, qui fut décapité à Nantes en 1626.

Naguère que j'oyois la tempête souffler,
Que je voyois la vague en montagne s'enfler,
Et Neptune à mes cris faire la sourde oreille ;
  A peu près englouti,
Eussé-je osé prétendre à l'heureuse merveille
  D'en être garanti ?

Contre mon jugement les orages cessés
Ont des calmes si doux en leur place laissés,
Qu'aujourd'hui ma fortune a l'empire de l'onde ;
  Et je vois sur le bord
Un ange dont la grâce est la gloire du monde,
  Qui m'assure du port.

Certes c'est lâchement qu'un tas de médisans,
Imputant à l'amour qu'il abuse nos ans,
De frivoles soupçons nos courages étonnent ;
  Tous ceux à qui déplaît
L'agréable tourment que ses flammes nous donnent,
  Ne savent ce qu'il est.

S'il a de l'amertume à son commencement,
Pourvu qu'à mon exemple on souffre doucement,
Et qu'aux appâts du change une âme ne s'envole,
  On se peut assurer
Qu'il est maître équitable, et qu'enfin il console
  Ceux qu'il a fait pleurer.

LXXVIII

SUR UNE IMAGE DE SAINTE CATHERINE.

ÉPIGRAMME (1620).

L'art aussi bien que la nature
Eût fait plaindre cette peinture ;
Mais il a voulu figurer
Qu'aux tourments dont la cause est belle,
La gloire d'une âme fidèle
Est de souffrir sans murmurer.

LXXIX

ÉPIGRAMME[1] (1620).

Jeanne, tandis que tu fus belle,
Tu le fus sans comparaison
Anne à cette heure est de saison,
Et ne voit rien si beau comme elle ;
Comme à toi les ans lui mettront
Quelque jour les rides au front,
Et feront à sa tresse blonde
Même outrage qu'à tes cheveux ;
Mais voilà comme va le monde,
Je t'ai voulue, et je la veux.

---

1. Imitation de l'épigramme (VI, 40) de Martial :

Femina præferri potuit tibi nulla, Lycori :
 Præferri Glyceræ femina nulla potest.
Hæc erit hoc quod tu : tu non potes esse quod hæc est.
 Tempora quid faciunt? hanc volo, te volui.

LXXX

A MADAME LA PRINCESSE DE CONTI.

SONNET (1620).

Race de mille rois, adorable princesse,
Dont le puissant appui de faveurs m'a comblé,
Si faut-il qu'à la fin j'acquitte ma promesse,
Et m'allége du faix dont je suis accablé.

Telle que notre siècle aujourd'hui vous regarde,
Merveille incomparable en toute qualité,
Telle je me résous de vous bailler en garde
Aux fastes éternels de la postérité.

Je sais bien quel effort cet ouvrage demande ;
Mais si la pesanteur d'une charge si grande
Résiste à mon audace, et me la refroidit ;

Vois-je pas vos bontés à mon aide paroître,
Et parler dans vos yeux un signe qui me dit
Que c'est assez payer que de bien reconnoître?

LXXXI

STANCES SPIRITUELLES (1620).

Louez Dieu par toute la terre,
Non pour la crainte du tonnerre
Dont il menace les humains ;
Mais pour ce que sa gloire en merveilles abonde,
Et que tant de beautés qui reluisent au monde
Sont des ouvrages de ses mains.

Sa providence libérale
Est une source générale,
Toujours prête à nous arroser.
L'Aurore et l'Occident s'abreuvent en sa course,
On y puise en Afrique, on y puise sous l'Ourse,
Et rien ne la peut épuiser.

N'est-ce pas lui qui fait aux ondes
Germer les semences fécondes
D'un nombre infini de poissons ;

Qui peuple de troupeaux les bois et les montagnes,
Donne aux prés la verdure, et couvre les campagnes
    De vendanges et de moissons ?

    Il est bien dur à sa justice
    De voir l'impudente malice
    Dont nous l'offensons chaque jour ;
Mais comme notre père il excuse nos crimes,
Et même ses courroux, tant soient-ils légitimes,
    Sont des marques de son amour.

    Nos affections passagères,
    Tenant de nos humeurs légères,
    Se font vieilles en un moment,
Quelque nouveau desir comme un vent les emporte ;
La sienne toujours ferme, et toujours d'une sorte,
    Se conserve éternellement.

LXXXII

CHANSON (1620).

Chère beauté que mon âme ravie
   Comme son pôle va regardant,
     Quel astre d'ire et d'envie
Quand vous naissiez marquoit votre ascendant,
     Que votre courage endurci,
Plus je le supplie moins ait de merci ?

En tous climats, voire au fond de la Thrace,
   Après les neiges et les glaçons,
     Le beau temps reprend sa place,
Et les étés mûrissent les moissons;
     Chaque saison y fait son cours ;
En vous seule on trouve qu'il gèle toujours.

J'ai beau me plaindre, et vous conter mes peines,
   Avec prières d'y compatir ;
     J'ai beau m'épuiser les veines,
Et tout mon sang en larmes convertir :

Un mal au deçà du trépas,
Tant soit-il extrême, ne vous émeut pas.

Je sais que c'est : vous êtes offensée,
Comme d'un crime hors de raison,
Que mon ardeur insensée
En trop haut lieu borne sa guérison,
Et voudriez bien, pour la finir,
M'ôter l'espérance de rien obtenir.

Vous vous trompez ; c'est aux foibles courages,
Qui toujours portent la peur au sein,
De succomber aux orages,
Et se lasser d'un pénible dessein.
De moi, plus je suis combattu,
Plus ma résistance montre sa vertu.

Loin de mon front soient ces palmes communes
Où tout le monde peut aspirer ;
Loin les vulgaires fortunes,
Où ce n'est qu'un jouir et desirer ;
Mon goût cherche l'empêchement,
Quand j'aime sans peine j'aime lâchement.

Je connois bien que dans ce labyrinthe
Le ciel injuste m'a réservé
Tout le fiel, et tout l'absinthe
Dont un amant fut jamais abreuvé ;
Mais je ne m'étonne de rien ;
Je suis à Rodanthe [1], je veux mourir sien.

1. Mme de Rambouillet.

LXXXIII

A MONSIEUR DE PRÉ, SUR SON PORTRAIT
DE L'ÉLOQUENCE FRANÇOISE.

(1620.)

Tu faux, de Pré, de nous pourtraire
Ce que l'éloquence a d'appas ;
Quel besoin as-tu de le faire ?
Qui te voit, ne la voit-il pas ?

LXXXIV

ÉPIGRAMME¹ (1630).

Cet absinthe au nez de barbet,
En ce tombeau fait sa demeure ;
Chacun en rit, et moi j'en pleure,
Je le voulois voir au gibet.

1. Sur le duc de Luynes, mort le 25 décembre 1621. Malherbe l'appelle absinthe, à cause du mot *aluyne*, qui signifiait autrefois absinthe.

LXXXV

SUR LE PORTRAIT DE CASSANDRE, MAÎTRESSE DE RONSARD.

(1623.)

L'art, la nature exprimant,
En ce portrait me fait belle ;
Mais si ne suis-je point telle
Qu'aux écrits de mon amant.

LXXXVI

VERS COMPOSÉS POUR L'ENTRÉE DE LOUIS XIII A AIX.

(1624.)

LA VILLE D'AIX AU ROI.

Grand fils du grand Henri, grand chef-d'œuvre des cieux,
Grand aise et grand amour des âmes et des yeux,
Louis, dont ce beau jour la présence m'octroie,
Délices des sujets à ta garde commis,
Le portrait de Pallas fut la force de Troie,
Le tien sera la peur de tous nos ennemis.

LXXXVII

AUTRE SUR LE MÊME SUJET.

AMPHION AU ROI.

Or sus, la porte est close aux tempêtes civiles :
La Justice et la Paix ont les clefs de tes villes ;
Espère tout, Louis, et ne doute de rien.
Si le Dieu que je sers entend l'art de prédire,
Jamais siècle passé n'a vu monter empire,
Où le siècle présent verra monter le tien.

Les faits de plus de marque et de plus de mérite,
Que la vanité grecque en ses fables récite,
Dans la gloire des tiens seront ensevelis.
Ton camp boira le Gange avant qu'il se repose,
Et dessous divers noms ce sera même chose
Être maître du monde et roi des fleurs de lis.

LXXXVIII

POUR MONSEIGNEUR LE COMTE DE SOISSONS [1].

STANCES (1624).

Ne délibérons plus; allons droit à la mort ;
La tristesse m'appelle à ce dernier effort,
  Et l'honneur m'y convie ;
  Je n'ai que trop gémi ;
Si parmi tant d'ennuis j'aime encore ma vie,
  Je suis mon ennemi.

O beaux yeux, beaux objets de gloire et de grandeur,
Vives sources de flamme, où j'ai pris une ardeur
  Qui toute autre surmonte,
  Puis-je souffrir assez,

---

1. Malherbe écrivit ces stances pour Louis de Bourbon, comte de Soissons (tué en 1641 au combat de la Marfée), qui recherchait en mariage Henriette de France, devenue, en 1625, reine d'Angleterre.

Pour expier le crime, et réparer la honte
De vous avoir laissés ?

Quelqu'un dira pour moi que je fais mon devoir ;
Et que les volontés d'un absolu pouvoir
Sont de justes contraintes ;
Mais à quelle autre loi
Doit un parfait amant des respects et des craintes
Qu'à celle de sa foi ?

Quand le ciel offriroit à mes jeunes desirs
Les plus rares trésors, et les plus grands plaisirs
Dont sa richesse abonde ;
Que saurois-je espérer
A quoi votre présence, ô merveille du monde,
Ne soit à préférer ?

On parle de l'enfer, et des maux éternels,
Baillés pour châtiment à ces grands criminels
Dont les fables sont pleines ;
Mais ce qu'ils souffrent tous,
Le souffré-je pas seul en la moindre des peines
D'être éloigné de vous ?

J'ai beau par la raison exhorter mon amour
De vouloir réserver à l'aise du retour
Quelque reste de larmes ;
Misérable qu'il est,
Contenter sa douleur, et lui donner des armes,
C'est tout ce qui lui plaît.

Non, non, laissons-nous vaincre après tant de combats ;
Allons épouvanter les ombres de là-bas
       De mon visage blême ;
      Et sans nous consoler,
Mettons fin à des jours que la Parque elle-même
      A pitié de filer.

Je connais Charigène, et n'ose desirer
Qu'elle ait un sentiment qui la fasse pleurer
      Dessus ma sépulture ;
     Mais cela m'arrivant,
Quelle seroit ma gloire ? et pour quelle aventure
      Voudrois-je être vivant ?

LXXXIX

A RABEL, PEINTRE, SUR UN LIVRE DE FLEURS.

sonnet (1630).

Quelques louanges nonpareilles
Qu'ait Apelle encore aujourd'hui,
Cet ouvrage plein de merveilles
Met Rabel au-dessus de lui.

L'art y surmonte la nature,
Et si mon jugement n'est vain,
Flore lui conduisoit la main
Quand il faisoit cette peinture.

Certes il a privé mes yeux
De l'objet qu'ils aiment le mieux,
N'y mettant point de marguerite ;

Mais pouvoit-il être ignorant
Qu'une fleur de tant de mérite
Auroit terni le demeurant?

XC

A MONSEIGNEUR FRÈRE DU ROI.

SONNET (1627).

Muses, quand finira cette longue remise
De contenter Gaston, et d'écrire de lui?
Le soin que vous avez de la gloire d'autrui
Peut-il mieux s'employer qu'à si belle entreprise?

En ce malheureux siècle où chacun vous méprise,
Et quiconque vous sert n'en a que de l'ennui,
Misérable neuvaine, où sera votre appui,
S'il ne vous tend les mains, et ne vous favorise?

Je crois bien que la peur d'oser plus qu'il ne faut,
Et les difficultés d'un ouvrage si haut,
Vous ôtent le desir que sa vertu vous donne;

Mais tant de beaux objets tous les jours s'augmentants,
Puisqu'en âge si bas leur nombre vous étonne,
Comme y fournirez-vous quand il aura vingt ans?

XCI

AU ROI.

SONNET (1627).

Muses, je suis confus ; mon devoir me convie
A louer de mon Roi les rares qualités ;
Mais le mauvais destin qu'ont les témérités
Fait peur à ma foiblesse, et m'en ôte l'envie.

A quel front orgueilleux n'a l'audace ravie
Le nombre des lauriers qu'il a déjà plantés ?
Et ce que sa valeur a fait en deux étés,
Alcide l'eût-il fait en deux siècles de vie ?

Il arrivoit à peine à l'âge de vingt ans,
Quand sa juste colère assaillant nos Titans,
Nous donna de nos maux l'heureuse délivrance.

Certes, ou ce miracle a mes sens éblouis,
Ou Mars s'est mis lui-même au trône de la France,
Et s'est fait notre roi sous le nom de Louis.

XCII

A MONSEIGNEUR LE CARDINAL DE RICHELIEU.

SONNET (1627).

A ce coup nos frayeurs n'auront plus de raison,
Grande âme aux grands travaux sans repos adonnée ;
Puisque par vos conseils la France est gouvernée,
Tout ce qui la travaille aura sa guérison.

Tel que fut rajeuni le vieil âge d'Éson,
Telle cette Princesse en vos mains résinée
Vaincra de ses destins la rigueur obstinée,
Et reprendra le teint de sa verte saison.

Le bon sens de mon roi m'a toujours fait prédire
Que les fruits de la paix combleroient son empire,
Et comme un demi-dieu le feroient adorer ;

Mais voyant que le vôtre aujourd'hui le seconde,
Je ne lui promets pas ce qu'il doit espérer,
Si je ne lui promets la conquête du monde.

XCIII

AU ROI.

SONNET (1627).

Qu'avec une valeur à nulle autre seconde,
Et qui seule est fatale à notre guérison,
Votre courage mûr en sa verte saison
Nous ait acquis la paix sur la terre et sur l'onde ;

Que l'hydre de la France en révoltes féconde,
Par vous soit du tout morte, ou n'ait plus de poison,
Certes c'est un bonheur dont la juste raison
Promet à votre front la couronne du monde.

Mais qu'en de si beaux faits vous m'ayez pour témoin,
Connoissez-le, mon Roi, c'est le comble du soin
Que de vous obliger ont eu les destinées.

Tous vous savent louer, mais non également;
Les ouvrages communs vivent quelques années;
Ce que Malherbe écrit dure éternellement.

XCIV

POUR LE MARQUIS DE LA VIEUVILLE,
SUPERINTENDANT DES FINANCES.

sonnet (1627).

Il est vrai, la Vieuville, et quiconque le nie
Condamne impudemment le bon goût de mon roi;
Nous devons des autels à la sincère foi
Dont ta dextérité nos affaires manie.

Tes soins laborieux, et ton libre génie,
Qui hors de la raison ne connoît point de loi,
Ont mis fin aux malheurs qu'attiroit après soi
De nos profusions l'effroyable manie.

Tout ce qu'à tes vertus il reste à desirer,
C'est que les beaux esprits les veuillent honorer,
Et qu'en l'éternité la Muse les imprime.

J'en ai bien le dessein dans mon âme formé ;
Mais je suis généreux, et tiens cette maxime,
Qu'il ne faut point aimer quand on n'est point aimé.

XCV

FRAGMENT.

(1627.)

Et maintenant encore en cet âge penchant,
Où mon peu de lumière est si près du couchant,
Quand je verrois Hélène au monde revenue,
En l'état glorieux où Pâris l'a connue,
Faire à toute la terre adorer ses appas,
N'en étant point aimé, je ne l'aimerois pas.
Cette belle bergère à qui les destinées
Sembloient avoir gardé mes dernières années,
Eut en perfection tous les rares trésors
Qui parent un esprit, et font aimer un corps.
Ce ne furent qu'attraits, ce ne furent que charmes;
Sitôt que je la vis, je lui rendis les armes,
Un objet si puissant ébranla ma raison,
Je voulus être sien, j'entrai dans sa prison,
Et de tout mon pouvoir essayai de lui plaire,
Tant que ma servitude espéra du salaire.
Mais comme j'aperçus l'infaillible danger

Où, si je poursuivois, je m'allois engager,
Le soin de mon salut m'ôta cette pensée,
J'eus honte de brûler pour une âme glacée;
Et sans me travailler à lui faire pitié,
Restreignis mon amour aux termes d'amitié.

XCVI

ÉPIGRAMME POUR METTRE AU DEVANT
DE LA SOMME THÉOLOGIQUE DU P. GARASSE.

(1625.)

Esprits qui cherchez à médire,
Adressez-vous en autre lieu;
Cette œuvre est une œuvre de Dieu :
Garasse n'a fait que l'écrire.

XCVII

AUTRE A L'AUTEUR DE CE LIVRE.

(1625.)

En vain, mon Garasse, la rage
De quelques profanes esprits
Pense diminuer le prix
De ton incomparable ouvrage.
Mes vers mourront avecque moi,
Ou ton nom au nom de mon roi
Donnera de la jalousie ;
Et dira la postérité
Que son bras défit l'hérésie,
Et ton savoir l'impiété.

XCVIII

CONSOLATION A MONSIEUR LE PREMIER PRÉSIDENT [1],
SUR LA MORT DE MADAME SA FEMME.

(1627.)

Sacré ministre de Thémis,
Verdun, en qui le ciel a mis
Une sagesse non commune ;
Sera-ce pour jamais que ton cœur abattu
Laissera sous une infortune
Au mépris de ta gloire accabler ta vertu ?

Toi de qui les avis prudents
En toute sorte d'accidents
Sont loués même de l'envie,
Perdras-tu la raison, jusqu'à te figurer

---

1. Le premier président de Verdun. Il mourut un an après sa femme, et pourtant il était déjà remarié quand les vers de Malherbe sur son veuvage furent achevés.

Que les morts reviennent en vie,
Et qu'on leur rende l'âme à force de pleurer?

Tel qu'au soir on voit le soleil
Se jeter aux bras du sommeil,
Tel au matin il sort de l'onde.
Les affaires de l'homme ont un autre destin;
Après qu'il est parti du monde,
La nuit qui lui survient n'a jamais de matin.

Jupiter, ami des mortels,
Ne rejette de ses autels
Ni requêtes ni sacrifices;
Il reçoit en ses bras ceux qu'il a menacés;
Et qui s'est nettoyé de vices,
Ne lui fait point de vœux qui ne soient exaucés.

Neptune, en la fureur des flots
Invoqué par les matelots,
Remet l'espoir en leurs courages;
Et ce pouvoir si grand dont il est renommé,
N'est connu que par les naufrages
Dont il a garanti ceux qui l'ont réclamé.

Pluton est seul entre les Dieux
Dénué d'oreilles et d'yeux,
A quiconque le sollicite;
Il dévore sa proie aussitôt qu'il la prend;
Et quoi qu'on lise d'Hippolyte,
Ce qu'une fois il tient, jamais il ne le rend.

S'il étoit vrai que la pitié
De voir un excès d'amitié
Lui fît faire ce qu'on desire,
Qui devoit le fléchir avec plus de couleur,
Que ce fameux joueur de lyre,
Qui fut jusqu'aux enfers lui montrer sa douleur?

Cependant il eut beau chanter,
Beau prier, presser, et flatter,
Il s'en revint sans Eurydice ;
Et la vaine faveur dont il fut obligé
Fut une si noire malice,
Qu'un absolu refus l'auroit moins affligé.

Mais quand tu pourrois obtenir
Que la mort laissât revenir
Celle dont tu pleures l'absence,
La voudrois-tu remettre en un siècle effronté
Qui plein d'une extrême licence
Ne feroit que troubler son extrême bonté ?

Que voyons-nous que des Titans,
De bras et de jambes luttans
Contre les pouvoirs légitimes?
Infâmes rejetons de ces audacieux,
Qui dédaignant les petits crimes,
Pour en faire un illustre attaquèrent les cieux?

Quelle horreur de flamme et de fer
N'est éparse comme en enfer
Aux plus beaux lieux de cet empire?

Et les moins travaillés des injures du sort,
Peuvent-ils pas justement dire
Qu'un homme dans la tombe est un navire au port?

Crois-moi, ton deuil a trop duré;
Tes plaintes ont trop murmuré;
Chasse l'ennui qui te possède;
Sans t'irriter en vain contre une adversité,
Que tu sais bien qui n'a remède
Autre que d'obéir à la nécessité.

Rends à ton âme le repos
Qu'elle s'ôte mal à propos,
Jusqu'à te dégoûter de vivre;
Et si tu n'as l'amour que chacun a pour soi,
Aime ton prince, et le délivre
Du regret qu'il aura s'il est privé de toi.

Quelque jour ce jeune lion
Choquera la rébellion,
En sorte qu'il en sera maître;
Mais quiconque voit clair, ne connoît-il pas bien
Que pour l'empêcher de renaître
Il faut que ton labeur accompagne le sien?

La Justice le glaive en main
Est un pouvoir autre qu'humain
Contre les révoltes civiles;
Elle seule fait l'ordre, et les sceptres des rois
N'ont que des pompes inutiles,
S'ils ne sont appuyés de la force des lois.

XCIX

POUR MONSEIGNEUR LE CARDINAL DE RICHELIEU.

SONNET (1635).

Peuples, çà de l'encens; Peuples, çà des victimes,
A ce grand Cardinal, grand chef-d'œuvre des cieux,
Qui n'a but que la gloire, et n'est ambitieux
Que de faire mourir l'insolence des crimes.

A quoi sont employés tant de soins magnanimes
Où son esprit travaille, et fait veiller ses yeux,
Qu'à tromper les complots de nos séditieux,
Et soumettre leur rage aux pouvoirs légitimes?

Le mérite d'un homme, ou savant, ou guerrier,
Trouve sa récompense aux chapeaux de laurier,
Dont la vanité grecque a donné les exemples;

Le sien, je l'ose dire, est si grand et si haut,
Que si comme nos Dieux il n'a place en nos temples,
Tout ce qu'on lui peut faire est moins qu'il ne lui faut.

C

PARAPHRASE DU PSAUME CXLV.

(1627.)

N'espérons plus, mon âme, aux promesses du monde ;
Sa lumière est un verre, et sa faveur une onde
Que toujours quelque vent empêche de calmer.
Quittons ces vanités, lassons-nous de les suivre ;
      C'est Dieu qui nous fait vivre,
      C'est Dieu qu'il faut aimer.

En vain pour satisfaire à nos lâches envies,
Nous passons près des rois tout le temps de nos vies
A souffrir des mépris et ployer les genoux.
Ce qu'ils peuvent n'est rien ; ils sont comme nous sommes,
      Véritablement hommes,
      Et meurent comme nous.

Ont-ils rendu l'esprit, ce n'est plus que poussière
Que cette majesté si pompeuse et si fière

Dont l'éclat orgueilleux étonne l'univers;
Et dans ces grands tombeaux, où leurs âmes hautaines
      Font encore les vaines,
    Ils sont mangés des vers.

Là se perdent ces noms de maîtres de la terre,
D'arbitres de la paix, de foudres de la guerre;
Comme ils n'ont plus de sceptre, ils n'ont plus de flatteurs;
Et tombent avec eux d'une chute commune
      Tous ceux que leur fortune
    Faisoit leurs serviteurs.

CI

POUR UN GENTILHOMME DE SES AMIS, QUI MOURUT
AGÉ DE CENT ANS.

(1627.)

N'attends, passant, que de ma gloire
Je te fasse une longue histoire,
Pleine de langage indiscret.
Qui se loue irrite l'envie ;
Juge de moi par le regret
Qu'eut la mort de m'ôter la vie.

CII

SUR LA MORT DE SON FILS.

SONNET (1628).

Que mon fils ait perdu sa dépouille mortelle,
Ce fils qui fut si brave, et que j'aimai si fort :
Je ne l'impute point à l'injure du sort,
Puisque finir, à l'homme est chose naturelle.

Mais que de deux marauds la surprise infidèle
Ait terminé ses jours d'une tragique mort,
En cela ma douleur n'a point de réconfort,
Et tous mes sentiments sont d'accord avec elle.

O mon Dieu, mon Sauveur, puisque par la raison
Le trouble de mon âme étant sans guérison,
Le vœu de la vengeance est un vœu légitime,

Fais que de ton appui je sois fortifié.
Ta justice t'en prie; et les auteurs du crime
Sont fils de ces bourreaux qui t'ont crucifié[1].

1. L'un des meurtriers s'appelait Fortia de Piles, et un bruit plus ou moins fondé le faisait descendre d'une famille de Juifs.

CIII

POUR LE ROI, ALLANT CHATIER LA RÉBELLION DES ROCHELOIS, ET CHASSER LES ANGLOIS, QUI EN LEUR FAVEUR ÉTOIENT DESCENDUS EN L'ILE DE RÉ.

ODE (1628).

Donc un nouveau labeur à tes armes s'apprête ;
Prends ta foudre, Louis, et va comme un lion
Donner le dernier coup à la dernière tête
    De la rébellion.

Fais choir en sacrifice au Démon de la France
Les fronts trop élevés de ces âmes d'enfer ;
Et n'épargne contre eux pour notre délivrance
    Ni le feu ni le fer.

Assez de leurs complots l'infidèle malice
A nourri le désordre et la sédition.

Quitte le nom de Juste, ou fais voir ta justice
　　　En leur punition.

Le centième décembre a les plaines ternies,
Et le centième avril les a peintes de fleurs,
Depuis que parmi nous leurs brutales manies
　　　Ne causent que des pleurs.

Dans toutes les fureurs des siècles de tes pères,
Les monstres les plus noirs firent-ils jamais rien,
Que l'inhumanité de ces cœurs de vipères
　　　Ne renouvelle au tien?

Par qui sont aujourd'hui tant de villes désertes?
Tant de grands bâtiments en masures changés?
Et de tant de chardons les campagnes couvertes,
　　　Que par ces enragés?

Les sceptres devant eux n'ont point de priviléges;
Les Immortels eux-même en sont persécutés;
Et c'est aux plus saints lieux que leurs mains sacriléges
　　　Font plus d'impiétés.

Marche, va les détruire; éteins-en la semence;
Et suis jusqu'à leur fin ton courroux généreux,
Sans jamais écouter ni pitié ni clémence
　　　Qui te parle pour eux.

Ils ont beau vers le ciel leurs murailles accroître,

Beau d'un soin assidu travailler à leurs forts,
Et creuser leurs fossés jusqu'à faire paroître
  Le jour entre les morts.

Laisse-les espérer, laisse-les entreprendre ;
Il suffit que ta cause est la cause de Dieu ;
Et qu'avecque ton bras elle a pour la défendre
  Les soins de Richelieu.

Richelieu, ce prélat de qui toute l'envie
Est de voir ta grandeur aux Indes se borner,
Et qui visiblement ne fait cas de sa vie
  Que pour te la donner.

Rien que ton intérêt n'occupe sa pensée ;
Nuls divertissements ne l'appellent ailleurs,
Et de quelques bons yeux qu'on ait vanté Lyncée,
  Il en a de meilleurs.

Son âme toute grande est une âme hardie,
Qui pratique si bien l'art de nous secourir,
Que pourvu qu'il soit cru, nous n'avons maladie
  Qu'il ne sache guérir.

Le ciel, qui doit le bien selon qu'on le mérite,
Si de ce grand oracle il ne t'eût assisté,
Par un autre présent n'eût jamais été quitte
  Envers ta piété.

Va, ne diffère plus tes bonnes destinées ;
Mon Apollon t'assure, et t'engage sa foi,
Qu'employant ce Tiphys[1], Syrtes et Cyanées
    Seront havres pour toi.

Certes, ou je me trompe, ou déjà la victoire,
Qui son plus grand honneur de tes palmes attend,
Est aux bords de Charente en son habit de gloire,
    Pour te rendre content.

Je la vois qui t'appelle, et qui semble te dire :
« Roi, le plus grand des rois, et qui m'es le plus cher,
Si tu veux que je t'aide à sauver ton empire,
    Il est temps de marcher. »

Que sa façon est brave, et sa mine assurée !
Qu'elle a fait richement son armure étoffer !
Et qu'il se connoît bien, à la voir si parée,
    Que tu vas triompher !

Telle en ce grand assaut, où des fils de la terre
La rage ambitieuse à leur honte parut,
Elle sauva le ciel, et rua le tonnerre,
    Dont Briare mourut.

Déjà de tous côtés s'avançoient les approches ;
Ici couroit Minas ; là Typhon se battoit ;

---

1. *Tiphys*, le pilote du navire des Argonautes.

Et là suoit Euryte à détacher les roches
    Qu'Encelade jetoit.

A peine cette Vierge eut l'affaire embrassée,
Qu'aussitôt Jupiter en son trône remis,
Vit selon son desir la tempête cessée,
    Et n'eut plus d'ennemis.

Ces colosses d'orgueil furent tous mis en poudre,
Et tous couverts des monts qu'ils avoient arrachés;
Phlégre qui les reçut, pût[1] encore la foudre
    Dont ils furent touchés.

L'exemple de leur race à jamais abolie,
Devoit sous ta merci tes rebelles ployer;
Mais seroit-ce raison qu'une même folie
    N'eût pas même loyer?

Déjà l'étonnement leur fait la couleur blême;
Et ce lâche voisin qu'ils sont allés querir[2],
Misérable qu'il est, se condamne lui-même
    A fuir ou mourir.

Sa faute le remord; Mégère le regarde,
Et lui porte l'esprit à ce vrai sentiment,
Que d'une injuste offense il aura, quoiqu'il tarde,
    Le juste châtiment.

---

1. *Pût*, pue. C'est l'ancienne forme de la troisième personne de *puer*, primitivement *puir*.

2. Les Anglais.

Bien semble être la mer une barre assez forte,
Pour nous ôter l'espoir qu'il puisse être battu ;
Mais est-il rien de clos dont ne t'ouvre la porte
  Ton heur et ta vertu ?

Neptune importuné de ses voiles infâmes,
Comme tu paroîtras au passage des flots,
Voudra que ses Tritons mettent la main aux rames,
  Et soient tes matelots.

Là rendront tes guerriers tant de sortes de preuves,
Et d'une telle ardeur pousseront leurs efforts,
Que le sang étranger fera monter nos fleuves
  Au-dessus de leurs bords.

Par cet exploit fatal en tous lieux va renaître
La bonne opinion des courages françois ;
Et le monde croira, s'il doit avoir un maître,
  Qu'il faut que tu le sois.

O que pour avoir part en si belle aventure
Je me souhaiterois la fortune d'Éson,
Qui, vieil comme je suis, revint contre nature
  En sa jeune saison !

De quel péril extrême est la guerre suivie,
Où je ne fisse voir que tout l'or du Levant
N'a rien que je compare aux honneurs d'une vie
  Perdue en te servant ?

Toutes les autres morts n'ont mérite ni marque;
Celle-ci porte seule un éclat radieux,
Qui fait revivre l'homme et le met de la barque
    A la table des Dieux.

Mais quoi? tous les pensers dont les âmes bien nées
Excitent leur valeur, et flattent leur devoir,
Que sont-ce que regrets quand le nombre d'années
    Leur ôte le pouvoir?

Ceux à qui la chaleur ne bout plus dans les veines
En vain dans les combats ont des soins diligents;
Mars est comme l'Amour : ses travaux et ses peines
    Veulent de jeunes gens.

Je suis vaincu du temps; je cède à ses outrages;
Mon esprit seulement exempt de sa rigueur
A de quoi témoigner en ses derniers ouvrages
    Sa première vigueur.

Les puissantes faveurs dont Parnasse m'honore,
Non loin de mon berceau commencèrent leur cours;
Je les possédai jeune, et les possède encore
    A la fin de mes jours.

Ce que j'en ai reçu, je veux te le produire;
Tu verras mon adresse; et ton front cette fois
Sera ceint de rayons qu'on ne vit jamais luire
    Sur la tête des rois.

Soit que de tes lauriers ma lyre s'entretienne,
Soit que de tes bontés je la fasse parler,
Quel rival assez vain prétendra que la sienne
    Ait de quoi m'égaler?

Le fameux Amphion, dont la voix nonpareille
Bâtissant une ville étonna l'univers,
Quelque bruit qu'il ait eu, n'a point fait de merveille
    Que ne fassent mes vers.

Par eux de tes beaux faits la terre sera pleine ;
Et les peuples du Nil qui les auront ouïs,
Donneront de l'encens, comme ceux de la Seine,
    Aux autels de Louis.

CIV

FRAGMENT.

(1628.)

Enfin mon roi les a mis bas
Ces murs qui de tant de combats
Furent les tragiques matières;
La Rochelle est en poudre et ses champs désertés
N'ont face que de cimetières,
Où gisent les Titans qui les ont habités.

CV

A MONSIEUR DE LA GARDE, AU SUJET DE SON
HISTOIRE SAINTE.

ODE (1726).

La Garde, tes doctes écrits
Montrent le soin que tu as pris
A savoir toutes belles choses;
Et ta prestance et tes discours
Étalent un heureux concours
De toutes les grâces écloses.

Davantage tes actions
Captivent les affections
Des cœurs, des yeux et des oreilles;
Forçant les personnes d'honneur
De te souhaiter tout bonheur
Pour tes qualités nonpareilles.

Tu sais bien que je suis de ceux
Qui ne sont jamais paresseux
A louer les vertus des hommes ;
Et dans Paris en mes vieux ans
Je passe en ce devoir mon temps,
Au malheureux siècle où nous sommes.

Mais, las ! la perte de mon fils,
Ses assassins d'orgueil bouffis,
Ont toute ma vigueur ravie ;
L'ingratitude et peu de soin
Que montrent les grands au besoin,
De douleur accablent ma vie.

Je ne désiste pas pourtant
D'être dans moi-même content
D'avoir bien vécu dans le monde,
Prisé (quoique vieil abattu)
Des gens de bien et de vertu :
Et voilà le bien qui m'abonde.

Nos jours passent comme le vent ;
Les plaisirs nous vont décevant ;
Et toutes les faveurs humaines
Sont hémérocalles d'un jour ;
Grandeurs, richesses et l'amour
Sont fleurs périssables et vaines.

Nous avons tant perdu d'amis,
Et de biens, par le sort transmis
Au pouvoir de nos adversaires ;

Néanmoins nous voyons du port
D'autrui le débris et la mort,
En nous éloignant des corsaires.

Ainsi puissions-nous voir longtemps
Nos esprits libres et contents,
Sous l'influence d'un bon astre.
Que vive et meure qui voudra !
La constance nous résoudra
Contre l'effort de tout désastre.

Le soldat remis par son chef,
Pour se garantir de méchef,
En état de faire sa garde,
N'oseroit pas en déloger
Sans congé, pour se soulager,
Nonobstant que trop il lui tarde ;

Car s'il procédoit autrement,
Il seroit puni promptement,
Aux dépens de sa propre vie.
Le parfait chrétien tout ainsi,
Créé pour obéir ici,
Y tient sa fortune asservie.

Il ne doit pas quitter le lieu
Ordonné par la loi de Dieu ;
Car l'âme qui lui est commise,
Félonne ne doit pas fuir
Pour sa damnation n'encourir,
Et n'être en l'Érèbe remise.

Désolé je tiens ce propos,
Voyant approcher Atropos
Pour couper le nœud de ma trame ;
Et ne puis ni veux l'éviter,
Moins aussi la précipiter ;
Car Dieu seul commande en mon âme.

Non, Malherbe n'est pas de ceux
Que l'esprit d'enfer a déceus
Pour acquérir la renommée
De s'être affranchis de prison
Par une lame, ou par poison,
Ou par une rage animée.

Au seul point que Dieu prescrira,
Mon âme du corps partira
Sans contrainte ni violence ;
De l'enfer les tentations
Ni toutes mes afflictions
Ne forceront point ma constance.

Mais, la Garde, voyez comment
On se divague doucement,
Et comme notre esprit agrée
De s'entretenir près et loin,
Encor qu'il n'en soit pas besoin,
Avec l'objet qui le récrée.

J'avois mis ma plume à la main,
Avec l'honorable dessein
De louer votre sainte Histoire ;

Mais l'amitié que je vous dois,
Par delà ce que je voulois
A fait débaucher ma mémoire.

Vous m'étiez présent en l'esprit,
En voulant tracer cet écrit ;
Et me sembloit vous voir paroître
Brave et galant en cette cour,
Où les plus huppés à leur tour
Tâchoient de vous voir et connoître.

Mais ores à moi revenu,
Comme d'un doux songe advenu
Qui tous nos sentiments cajole,
Je veux vous dire franchement,
Et de ma façon librement,
Que votre Histoire est une école.

Pour moi, en ce que j'en ai veu
J'assure qu'elle aura l'aveu
De tout excellent personnage ;
Et puisque Malherbe le dit,
Cela sera sans contredit,
Car c'est un très-juste présage.

Toute la France sait fort bien
Que je n'estime ou reprends rien
Que par raison et par bon titre,
Et que les doctes de mon temps
Ont toujours été très-contents
De m'élire pour leur arbitre.

La Garde, vous m'en croirez donc,
Que si Gentilhomme fut onc
Digne d'éternelle mémoire,
Par vos vertus vous le serez,
Et votre los rehausserez
Par votre docte et sainte Histoire

CVI

A MONSIEUR DE LA MORELLE, SUR LA PASTORALE
DE L'AMOUR CONTRAIRE.

SONNET (1630).

Si l'on peut acquérir par la plume la gloire
D'un des plus beaux esprits qui soit en l'univers,
Je veux laisser juger aux filles de mémoire
La grâce et le parler de tes amoureux vers :

Il semble en les voyant que l'on lise une histoire
Traversée en amour d'accidents tous divers,
Dont le discours parfait à tout chacun fait croire
Que la prose n'est rien au prix de tes beaux vers.

Quand elles auront vu ce sujet qui ravi
Si doctement dépeint, si dignement suivi,
Sans doute elles diront, ainsi que je le pense,

Que pour favoriser les hommes et les Dieux
Et purger d'ignorants tout ce qu'on voit des cieux,
Il te faut marier avecque l'éloquence.

PIÈCES

DONT LA DATE EST INCERTAINE.

CVII

chanson [1] (1630).

Mes yeux, vous m'êtes superflus ;
Cette beauté qui m'est ravie
Fut seule ma vue et ma vie ;
Je ne vois plus, ni ne vis plus.
    Qui me croit absent, il a tort,
    Je ne le suis point, je suis mort.

O qu'en ce triste éloignement,
Où la nécessité me traîne,
Les Dieux me témoignent de haine,
Et m'affligent indignement !

---

1. Cette chanson et la suivante furent composées pour M. de Bellegarde, qui était amoureux d'Anne d'Autriche.

Qui me croit absent, il a tort,
Je ne le suis point, je suis mort.

Quelles flèches a la douleur
Dont mon âme ne soit percée?
Et quelle tragique pensée
N'est point en ma pâle couleur?
Qui me croit absent, il a tort,
Je ne le suis point, je suis mort.

Certes, où l'on peut m'écouter,
J'ai des respects qui me font taire ;
Mais en un réduit solitaire
Quels regrets ne fais-je éclater ?
Qui me croit absent, il a tort,
Je ne le suis point, je suis mort.

Quelle funeste liberté
Ne prennent mes pleurs et mes plaintes,
Quand je puis trouver à mes craintes
Un séjour assez écarté ?
Qui me croit absent, il a tort,
Je ne le suis point, je suis mort.

Si mes amis ont quelque soin
De ma pitoyable aventure,
Qu'ils pensent à ma sépulture :
C'est tout ce de quoi j'ai besoin.
Qui me croit absent, il a tort,
Je ne le suis point, je suis mort.

CVIII

CHANSON (1630).

C'est assez, mes desirs, qu'un aveugle penser
Trop peu discrètement vous ait fait adresser
    Au plus haut objet de la terre ;
Quittez cette poursuite, et vous ressouvenez
    Qu'on ne voit jamais le tonnerre
Pardonner au dessein que vous entreprenez.

Quelque flatteur espoir qui vous tienne enchantés,
Ne connoissez-vous pas qu'en ce que vous tentez,
    Toute raison vous désavoue ?
Et que vous allez faire un second Ixion,
    Cloué là-bas sur une roue,
Pour avoir trop permis à son affection ?

Bornez-vous, croyez-moi, dans un juste compas,
Et fuyez une mer, qui ne s'irrite pas
    Que le succès n'en soit funeste ;
Le calme jusqu'ici vous a trop assurés ;

Si quelque sagesse vous reste,
Connoissez le péril, et vous en retirez.

Mais, ô conseil infâme, ô profanes discours,
Tenus indignement des plus dignes amours
  Dont jamais âme fut blessée ;
Quel excès de frayeur m'a su faire goûter
  Cette abominable pensée,
Que ce que je poursuis me peut assez coûter ?

D'où s'est coulée en moi cette lâche poison,
D'oser impudemment faire comparaison
  De mes épines à mes roses ?
Moi de qui la fortune est si proche des cieux,
  Que je vois sous moi toutes choses,
Et tout ce que je vois n'est qu'un point à mes yeux.

Non, non, servons Chrysanthe, et sans penser à moi,
Pensons à l'adorer d'une aussi ferme foi
  Que son empire est légitime ;
Exposons-nous pour elle aux injures du sort ;
  Et s'il faut être sa victime
En un si beau danger, moquons-nous de la mort.

Ceux que l'opinion fait plaire aux vanités,
Font dessus leurs tombeaux graver des qualités,
  D'où à peine un Dieu seroit digne ;
Moi, pour un monument et plus grand et plus beau,
  Je ne veux rien que cette ligne :
« L'exemple des amants est clos dans ce tombeau. »

CIX

POUR LA GUÉRISON DE CHRYSANTHE.

STANCES (1630).

Les destins sont vaincus, et le flux de mes larmes
De leur main insolente a fait tomber les armes ;
Amour en ce combat a reconnu ma foi ;
      Lauriers, couronnez-moi.

Quel penser agréable a soulagé mes plaintes,
Quelle heure de repos a diverti mes craintes,
Tant que du cher objet en mon âme adoré
      Le péril a duré ?

J'ai toujours vu ma dame avoir toutes les marques
De n'être point sujette à l'outrage des Parques ;
Mais quel espoir de bien en l'excès de ma peur
      N'estimois-je trompeur ?

Aujourd'hui c'en est fait, elle est toute guérie,
Et les soleils d'avril peignant une prairie,
En leurs tapis de fleurs n'ont jamais égalé
    Son teint renouvelé.

Je ne la vis jamais si fraîche, ni si belle ;
Jamais de si bon cœur je ne brûlai pour elle ;
Et ne pense jamais avoir tant de raison
    De bénir ma prison.

Dieux, dont la providence et les mains souveraines,
Terminant sa langueur, ont mis fin à mes peines,
Vous saurois-je payer avec assez d'encens
    L'aise que je ressens ?

Après une faveur si visible et si grande,
Je n'ai plus à vous faire aucune autre demande ;
Vous m'avez tout donné, redonnant à mes yeux
    Ce chef-d'œuvre des cieux.

Certes, vous êtes bons, et combien que nos crimes
Vous donnent quelquefois des courroux légitimes,
Quand des cœurs bien touchés vous demandent secours,
    Ils l'obtiennent toujours.

Continuez, grands Dieux, et ne faites pas dire,
Ou que rien ici-bas ne connoît votre empire,
Ou qu'aux occasions les plus dignes de soins,
    Vous en avez le moins.

Donnez-nous tous les ans des moissons redoublées,
Soient toujours de nectar nos rivières comblées ;
Si Chrysanthe ne vit et ne se porte bien,
    Nous ne vous devons rien.

CX

A MONSIEUR COLLETET, SUR LA MORT DE SA SOEUR.

ÉPIGRAMME (1666).

En vain, mon Colletet, tu conjures la Parque
De repasser ta sœur dans la fatale barque :
Elle ne rend jamais un trésor qu'elle a pris.
Ce que l'on dit d'Orphée est bien peu véritable.
Son chant n'a point forcé l'empire des Esprits,
Puisqu'on sait que l'arrêt en est irrévocable.
Certes, si les beaux vers faisoient ce bel effet,
Tu ferois mieux que lui ce qu'on dit qu'il a fait.

CXI

POUR UNE MASCARADE.

stances (1630).

Ceux-ci de qui vos yeux admirent la venue,
Pour un fameux honneur qu'ils brûlent d'acquérir,
Partis des bords lointains d'une terre inconnue,
S'en vont au gré d'amour tout le monde courir.
    Ce grand Démon qui se déplaît
    D'être profane comme il est,
    Par eux veut repurger son temple;
    Et croit qu'ils auront ce pouvoir,
    Que ce qu'on ne fait par devoir,
    On le fera par leur exemple.

Ce ne sont point esprits qu'une vague licence
Porte inconsidérés à leurs contentements;
L'or de cet âge vieil où régnoit l'innocence,
N'est pas moins en leurs mœurs qu'en leurs accoutrements;
    La foi, l'honneur, et la raison

Gardent la clef de leur prison ;
Penser au change leur est crime ;
Leurs paroles n'ont point de fard ;
Et faire les choses sans art,
Est l'art d'ont ils font plus d'estime.

Composez-vous sur eux, âmes belles et hautes ;
Retirez votre humeur de l'infidélité ;
Lassez-vous d'abuser les jeunesses peu cautes,
Et de vous prévaloir de leur crédulité ;
N'ayez jamais impression
Que d'une seule passion,
A quoi que l'espoir vous convie ;
Bien aimer soit votre vrai bien ;
Et, bien aimés, n'estimez rien
Si doux qu'une si douce vie.

On tient que ce plaisir est fertile de peines,
Et qu'un mauvais succès l'accompagne souvent ;
Mais n'est-ce pas la loi des fortunes humaines,
Qu'elles n'ont point de havre à l'abri de tout vent ?
Puis cela n'advient qu'aux amours,
Où les desirs, comme vautours,
Se paissent de sales rapines ;
Ce qui les forme les détruit ;
Celles que la vertu produit
Sont roses qui n'ont point d'épines.

CXII

CHANSON (1630).

Est-ce à jamais, folle espérance,
Que tes infidèles appas
M'empêcheront la délivrance
Que me propose le trépas ?

La raison veut, et la nature,
Qu'après le mal vienne le bien ;
Mais en ma funeste aventure,
Leurs règles ne servent de rien.

C'est fait de moi, quoi que je fasse ;
J'ai beau plaindre et beau soupirer,
Le seul remède en ma disgrâce,
C'est qu'il n'en faut point espérer.

Une résistance mortelle
Ne m'empêche point son retour ;

Quelque Dieu qui brûle pour elle
Fait cette injure à mon amour.

Ainsi trompé de mon attente,
Je me consume vainement,
Et les remèdes que je tente,
Demeurent sans événement.

Toute nuit enfin se termine;
La mienne seule a ce destin,
Que d'autant plus qu'elle chemine,
Moins elle approche du matin.

Adieu donc, importune peste,
A qui j'ai trop donné de foi;
Le meilleur avis qui me reste,
C'est de me séparer de toi.

Sors de mon âme, et t'en va suivre
Ceux qui desirent de guérir;
Plus tu me conseilles de vivre,
Plus je me résous de mourir.

CXIII

STANCES (1630).

Quoi donc, ma lâcheté sera si criminelle?
Et les vœux que j'ai faits pourront si peu sur moi,
Que je quitte ma dame, et démente la foi
Dont je lui promettois une amour éternelle?

Que ferons-nous, mon cœur, avec quelle science
Vaincrons-nous les malheurs qui nous sont préparés?
Courrons-nous le hasard comme désespérés?
Ou nous résoudrons-nous à prendre patience?

Non, non, quelques assauts que me donne l'envie,
Et quelques vains respects qu'allègue mon devoir,
Je ne céderai point, que de même pouvoir
Dont on m'ôte ma dame, on ne m'ôte la vie.

Mais où va ma fureur? quelle erreur me transporte,
De vouloir en géant aux astres commander?

Ai-je perdu l'esprit, de me persuader
Que la nécessité ne soit pas la plus forte?

Achille, à qui la Grèce a donné cette marque,
D'avoir eu le courage aussi haut que les cieux,
Fut en la même peine, et ne put faire mieux
Que soupirer neuf ans dans le fond d'une barque[1].

Je veux du même esprit que ce miracle d'armes,
Chercher en quelque part un séjour écarté
Où ma douleur et moi soyons en liberté,
Sans que rien qui m'approche interrompe mes larmes.

Bien sera-ce à jamais renoncer à la joie,
D'être sans la beauté dont l'objet m'est si doux;
Mais qui m'empêchera qu'en dépit des jaloux,
Avecque le penser mon âme ne la voie?

Le temps qui toujours vole, et sous qui tout succombe,
Fléchira cependant l'injustice du sort;
Ou d'un pas insensible avancera la mort,
Qui bornera ma peine au repos de la tombe.

La fortune en tous lieux à l'homme est dangereuse;
Quelque chemin qu'il tienne il trouve des combats;
Mais des conditions où l'on vit ici-bas,
Certes celle d'aimer est la plus malheureuse.

---

1. *Neuf ans!* Lisez *neuf mois*, et c'est encore beaucoup plus que ne permet l'Iliade.

CXIV

CHANSON (1630).

C'est faussement qu'on estime
Qu'il ne soit point de beautés
Où ne se trouve le crime
De se plaire aux nouveautés.

Si ma dame avoit envie
D'aimer des objets divers,
Seroit-elle pas suivie
Des yeux de tout l'univers?

Est-il courage si brave,
Qui pût avecque raison
Fuir d'être son esclave,
Et de vivre en sa prison?

Toutefois cette belle âme,

A qui l'honneur sert de loi,
Ne hait rien tant que le blâme
D'aimer un autre que moi.

Tous ces charmes de langage
Dont on s'offre à la servir,
Me l'assurent davantage,
Au lieu de me la ravir.

Aussi ma gloire est si grande
D'un trésor si précieux,
Que je ne sais quelle offrande
M'en peut acquitter aux cieux.

Tout le soin qui me demeure,
N'est que d'obtenir du sort,
Que ce qu'elle est à cette heure,
Elle soit jusqu'à la mort.

De moi, c'est chose sans doute,
Que l'astre qui fait les jours
Luira dans une autre voûte,
Quand j'aurai d'autres amours.

CXV

ÉPIGRAMME.

Tu dis, Colin, de tous côtés,
Que mes vers, à les ouïr lire,
Te font venir des crudités,
Et penses qu'on en doive rire ;
Cocu de long et de travers,
Sot au delà de toutes bornes,
Comme te plains-tu de mes vers,
Toi qui souffres si bien les cornes?

CXVI

SUR LA MORT D'UN GENTILHOMME
QUI FUT ASSASSINÉ.

SONNET (1630).

Belle âme aux beaux travaux sans repos adonnée,
Si parmi tant de gloire et de contentement
Rien te fâche là-bas, c'est l'ennui seulement
Qu'un indigne trépas ait clos ta destinée.

Tu penses que d'Ivri la fatale journée,
Où ta belle vertu parut si clairement,
Avecque plus d'honneur et plus heureusement
Auroit de tes beaux jours la carrière bornée.

Toutefois, bel esprit, console ta douleur ;
Il faut par la raison adoucir le malheur,
Et telle qu'elle vient prendre son aventure.

Il ne se fit jamais un acte si cruel :
Mais c'est un témoignage à la race future,
Qu'on ne t'auroit su vaincre en un juste duel.

FRAGMENTS

SANS DATE.

CXVII

FRAGMENT [1].

(1630.)

Les peuples pipés de leur mine,
Les voyant ainsi renfermer,
Jugeoient qu'ils parloient de s'armer
Pour conquérir la Palestine,
Et borner de Tyr à Calis
L'empire de la fleur de lis ;
Et toutefois leur entreprise
Étoit le parfum d'un collet,
Le point coupé d'une chemise
Et la figure d'un ballet.

---

1. Contre les mignons de Henri III.
2. Ou Cadix.

De leur mollesse léthargique,
Le discord sortant des enfers,
Des maux que nous avons soufferts
Nous ourdit la toile tragique ;
La justice n'eut plus de poids ;
L'impunité chassa les lois ;
Et le taon des guerres civiles
Piqua les âmes des méchants,
Qui firent avoir à nos villes
La face déserte des champs.

CXVIII

FRAGMENTS.

A MONSEIGNEUR LE CARDINAL DE RICHELIEU (1630).

Grand et grand prince de l'Église,
Richelieu, jusques à la mort,
Quelque chemin que l'homme élise,
Il est à la merci du sort ;
Nos jours filés de toutes soies
Ont des ennuis comme des joies ;
Et de ce mélange divers.
Se composent nos destinées,
Comme on voit le cours des années
Composé d'étés et d'hivers.

Tantôt une molle bonace
Nous laisse jouer sur les flots ;
Tantôt un péril nous menace,
Plus grand que l'art des matelots ;
Et cette sagesse profonde

Qui donne aux fortunes du monde
Leur fatale nécessité,
N'a fait loi qui moins se révoque,
Que celle du flux réciproque
De l'heur et de l'adversité.

CXIX

FRAGMENT.

(1630.)

Tantôt nos navires, braves
De la dépouille d'Alger,
Viendront les Mores esclaves
A Marseille décharger ;
Tantôt, riches de la perte
De Tunis et de Biserte [1],
Sur nos bords étaleront
Le coton pris en leurs rives,
Que leurs pucelles captives
En nos maisons fileront.

1. *Biserte*, au nord-ouest de Tunis; son port, presque comblé aujourd'hui, fut jadis un des meilleurs de l'Afrique.

CXX

FRAGMENT.

(1666.)

Elle étoit jusqu'au nombril
Sur les ondes paroissante,
Telle que l'aube naissante
Peint les roses en avril.

CXXI

FIN D'UNE ODE POUR LE ROI.

(1630.)

Je veux croire que la Seine
Aura des cygnes alors,
Qui pour toi seront en peine
De faire quelques efforts.
Mais vu le nom que me donne
Tout ce que ma lyre sonne,
Quelle sera la hauteur
De l'hymne de ta victoire,
Quand elle aura cette gloire,
Que Malherbe en soit l'auteur !

CXXII

FRAGMENT D'UNE ODE D'HORACE [1].

Voici venir le temps que je vous avois dit.
Vos yeux, pauvre Caliste, ont perdu leur crédit,
Et leur piteux état aujourd'hui me fait honte
    D'en avoir tenu compte.

---

1. Ce fragment et le suivant ont été publiés pour la première fois par M. L. Lalanne, éd. Hachette, Paris, 1862, 4 vol. in-8°

CXXIII

AUTRE FRAGMENT.

Vous avez beau, mon berger,
Me déguiser le danger;
Je sais bien que par mes larmes
Le jeu se terminera ;
Mais vos prières sont charmes ;
Faites ce qu'il vous plaira.

FIN.

TABLE.

		Pages.
Avertissement		1
Vie de Malherbe par Racan		9
I.	Sur le portrait d'Étienne Pasquier qui n'avoit point de mains	43
II.	Stances	44
III.	Les larmes de saint Pierre, imitées du Tansille	46
IV.	Épitaphe de monsieur d'Is, parent de l'auteur, et de qui l'auteur étoit héritier.	62
V.	Pour monsieur de Montpensier, à Madame devant son mariage	63
VI.	Au roi Henri le Grand, sur la prise de Marseille	65
VII.	Sur le même sujet	69
VIII.	Victoire de la constance	71
IX.	Consolation à Caritée sur la mort de son mari	75
X.	Dessein de quitter une dame qui ne le contentoit que de promesses	79
XI.	Consolation à monsieur du Périer, gentilhomme d'Aix en Provence, sur la mort de sa fille	81
XII.	A la reine, mère du roi, sur sa bienvenue en France.	86
XIII.	Prosopopée d'Ostende	95
XIV.	Aux ombres de Damon	97
XV.	Paraphrase du psaume VIII	101
XVI.	Pour les pairs de France, assaillants au combat de barrière	104
XVII.	A madame la princesse douairière, Charlotte de la Trémouille	107
XVIII.	Prière pour le roi Henri le Grand, allant en Limousin	109
XIX.	Sur l'attentat commis en la personne de Henri le	

		Pages.
	Grand, le 19 décembre 1605................	115
XX.	Aux dames, pour les demi-dieux marins, conduits par Neptune............................	124
XXI.	Au roi Henri le Grand, sur l'heureux succès du voyage de Sedan........................	127
XXII.	Chanson......	136
XXIII.	Stances.................................	139
XXIV.	Au roi Henri le Grand......................	142
XXV.	Au roi Henri le Grand......................	144
XXVI.	Pour le premier ballet de monseigneur le dauphin.	146
XXVII.	A monsieur le grand écuyer de France..	148
XXVIII.	A monsieur de Fleurance, sur son art d'embellir.	170
XXIX.	Sonnet..................................	172
XXX.	Stances.................................	174
XXXI.	Sonnet.................................	176
XXXII	Stances.................................	177
XXXIII.	Sonnet.................................	180
XXXIV.	Sonnet.................................	182
XXXV.	Sonnet.................................	184
XXXVI.	Sonnet.................................	185
XXXVII.	Stances.................................	186
XXXVIII.	Pour mettre devant les heures de Caliste........	189
XXXIX.	Autre sur le même sujet....................	190
XL.	Sonnet..................................	191
XLI.	Ballet de la reine........................	193
XLII.	Ballet de Madame........................	197
XLIII.	Pour Alcandre...........................	200
XLIV.	Pour Alcandre au retour d'Oranthe à Fontainebleau.	204
XLV.	Alcandre plaint la captivité de sa maîtresse.....	206
XLVI.	Sur le même sujet........................	210
XLVII.	Stances.................................	213
XLVIII.	Pour mademoiselle de Conti, Marie de Bourbon..	216
XLIX.	Épitaphe de la mère.......................	217
L.	A monseigneur le dauphin..................	219
LI.	Plainte sur une absence....................	221
LII.	Vers funèbres sur la mort de Henri le Grand.....	225
LIII.	A la reine, mère du roi, sur les heureux succès de sa régence.............................	229
LIV.	Épitaphe de feu monseigneur le duc d'Orléans....	235
LV.	A la reine, mère du roi, sur la mort de monseigneur le duc d'Orléans......................	237
LVI.	A monsieur du Maine, sur ses œuvres spirituelles..	239
LVII.	A la reine, mère du roi, pendant sa régence.....	241
LVIII.	Les sibylles. Sur la fête des alliances de France et de l'Espagne............................	244

		Pages.
LIX.	Sur le même sujet	248
LX.	Pour monsieur de la Ceppède, sur son livre de la passion de Notre-Seigneur	251
LXI.	Pour la Pucelle d'Orléans	253
LXII.	Sur le même sujet	254
LXIII.	Paraphrase du psaume CXXVIII	255
LXIV.	Pour la reine, mère du roi, pendant sa régence.	257
LXV.	Fragment sur le même sujet	266
LXVI.	Prédiction de la Meuse aux princes révoltés	267
LXVII.	Autre fragment	268
LXVIII.	Chanson	269
LXIX.	Sonnet	271
LXX.	Pour une fontaine	273
LXXI.	Chanson	274
LXXII.	Récit d'un berger au ballet de Madame, princesse d'Espagne	277
LXXIII.	Pour un ballet de Madame	281
LXXIV.	Sur le mariage du roi et de la reine	283
LXXV.	Pour mettre au devant du livre du sieur de Lortigues	286
LXXVI.	Prophétie du dieu de Seine	287
LXXVII.	Stances	288
LXXVIII.	Sur une image de sainte Catherine	290
LXXIX.	Épigramme	291
LXXX.	A madame la princesse de Conti	292
LXXXI.	Stances spirituelles	294
LXXXII.	Chanson	296
LXXXIII.	A monsieur de Pré, sur son portrait de l'éloquence françoise	298
LXXXIV.	Épigramme	299
LXXXV.	Sur le portrait de Cassandre, maîtresse de Ronsard	300
LXXXVI.	Vers composés pour l'entrée de Louis XIII à Aix.	301
LXXXVII.	Autre sur le même sujet	302
LXXXVIII.	Pour monseigneur le comte de Soissons	303
LXXXIX.	A Rabel, peintre, sur un livre de fleurs	306
XC.	A Monseigneur frère du roi	308
XCI.	Au roi	310
XCII.	A monseigneur le cardinal de Richelieu	312
XCIII.	Au roi	314
XCIV.	Pour le marquis de la Vieuville, surintendant des finances	316
XCV.	Fragment	318
XCVI.	Épigramme pour mettre au devant de la Somme théologique du P. Garasse	320

		Pages.
XCVII.	Autre à l'auteur de ce livre..................	321
XCVIII.	Consolation à monsieur le premier président, sur la mort de madame sa femme...................	322
XCIX.	Pour monseigneur le cardinal de Richelieu........	326
C.	Paraphrase du psaume CXLV....................	328
CI.	Pour un gentilhomme de ses amis, qui mourut âgé de cent ans.................................	330
CII.	Sur la mort de son fils.....................	331
CIII.	Pour le roi, allant châtier la rébellion des Rochelois et chasser les Anglois, qui en leur faveur étoient descendus en l'île de Ré....................	333
CIV.	Fragment....................................	341
CV.	A monsieur de la Garde, au sujet de son Histoire sainte...................................	342
CVI.	A monsieur de la Morelle, sur la pastorale de l'amour contraire...............................	348

PIÈCES DONT LA DATE EST INCERTAINE.

CVII.	Chanson......................................	351
CVIII.	Chanson	353
CIX.	Pour la guérison de Chrysante..................	355
CX.	A monsieur Colletet, sur la mort de sa sœur......	358
CXI.	Pour une mascarade...........................	359
CXII.	Chanson......................................	361
CXIII.	Stances.......................................	363
CXIV.	Chanson......................................	365
CXV.	Épigramme....................................	367
CXVI.	Sur la mort d'un gentilhomme qui fut assassiné....	368

FRAGMENTS SANS DATE.

CXVII.	Fragment.....................................	371
CXVIII.	Fragments. A monseigneur le cardinal de Richelieu.	373
CXIX.	Fragment.....................................	375
CXX.	Fragment.....................................	376
CXXI.	Fin d'une ode pour le roi......................	377
CXXII.	Fragment d'une ode d'Horace....................	378
CXXIII.	Autre fragment................................	379

FIN DE LA TABLE.

Paris. — Imprimerie de Ch. Lahure, rue de Vaugirard, 9.

Librairie de L. HACHETTE et Cie, boulevard Saint-Germain, n° 77, à Paris.

BIBLIOTHÈQUE VARIÉE

NOUVELLE COLLECTION IN-18 JÉSUS.

On peut se procurer chaque volume de cette collection relié ;
le prix de la demi-reliure, dos en chagrin, est de 1 franc 50 centimes;
tranches dorées, 1 fr. 75 c.; avec plats dorés, 2 fr. 10 c.

I. LITTÉRATURE CONTEMPORAINE.

(1re SÉRIE A 3 FR. 50 C. LE VOLUME.)

About (Ed.) : *La Grèce contemporaine.* 4e édition. 1 vol.
— *Nos artistes au salon de 1857.* 1 vol.
— *Théâtre impossible.* 1 vol.
Ackermann (L.) : *Contes et poésies.* 1 vol.
Anonyme : *L'enfant*, par M***. 1 vol.
Arnould (Edm.) : *Sonnets et poëmes.* 1 v.
Balzac (H. de) : *Théâtre*, contenant Vautrin, les Ressources de Quinola, Paméla Giraud, la Marâtre. 1 vol.
Barrau (Th. H.) : *Histoire de la révolution française* (1789-1799). 2e édition. 1 vol.
Bautain (l'abbé) : *La belle saison à la campagne.* 3e édition. 1 vol.
— *La chrétienne de nos jours.* 2 vol.
— *Le chrétien de nos jours.* 2 vol.
Bayard (J. F.) : *Théâtre*, avec une Notice de M. Eugène Scribe, de l'Académie française. 12 vol.
Chaque volume se vend séparément.
Bellemare (A.) : *Abd-el-Kader*; sa vie politique et militaire. 1 vol.
Belloy (marquis de) : *Le chevalier d'Aï, ses aventures et ses poésies.* 1 vol.
— *Légendes fleuries.* 1 vol.
Beulé : *Phidias*, drame antique. 1 vol.
Busquet (A.) : *Le poëme des heures.* 1 v.
C..., (Jules) : *Chasses et voyages.* 1 vol.
Cammas et **Lefèvre** : *La vallée du Nil.* 1 vol.

Caro (E.) : *Études morales sur le temps présent.* 1 vol.
Ouvrage couronné par l'Académie française.
Castellane (comte P. de) : *Souvenirs de la vie militaire en Afrique.* 3e édition. 1 vol.
Champfleury : *Contes d'été.* 1 vol.
Charpentier : *Les écrivains latins de l'empire.* 1 vol.
Cherbuliez (V.) : *Le comte Kostia.* 1 vol.
Chevalier (Michel) : *Le Mexique* ancien et moderne. 1 vol.
Dargaud (J. M.) : *Histoire de Marie Stuart.* 2e édition. 1 vol.
— *Voyage aux Alpes.* 1 vol.
— *Voyage en Danemark.* 1 vol.
Daumas (général E.) : *Mœurs et coutumes de l'Algérie* (Tell, Kabylie, Sahara). 3e édition. 1 vol.
Deschanel (E.) : *A pied et en wagon.* 1 v.
Deville : *Excursions dans l'Inde.* 1 vol.
Didier (Ch.) : *Les amours d'Italie.* 1 vol.
— *Les nuits du Caire.* 1 vol.
Enault (L.) : *Constantinople et la Turquie*, tableau historique, pittoresque statistique et moral de l'empire ottoman. 1 vol.

SEPT. 63.

Énault (L.) : *La Norvége.* 1 vol.
— *La terre sainte*, voyage des quarante pèlerins de 1853, avec la carte de la Palestine et le panorama de Jérusalem. 1 vol.
Ferri Pisani : *Lettres sur les États-Unis d'Amérique.* 1 vol.
Ferry (Gabriel) : *Le coureur des bois* ou *les chercheurs d'or.* 1 vol.
— *Costal l'Indien*, scènes de l'indépendance du Mexique. 1 vol.
Figuier (L.) : *Histoire du merveilleux dans les temps modernes.* 4 vol.
— *L'alchimie et les alchimistes*, ou essai historique et critique sur la philosophie hermétique. 3ᵉ édit. 1 vol.
— *Les applications nouvelles de la science à l'industrie et aux arts*, introduction à *l'Année scientifique et industrielle.* 1 vol.
— *L'Année scientifique et industrielle*, sept années (1856-1862). 7 vol. dont chacun se vend séparément.
Forgues : *La révolte des Cipayes.* 1 vol.
Fromentin (Eug.) : *Dominique.* 1 vol.
Gerardy Saintine : *Trois ans en Judée.* 1 vol.
Giguet (P.) : *Le livre de Job*, précédé des livres de *Ruth*, *Tobie*, *Judith* et *Esther*, traduit du grec des Septante, par P. Giguet. 1 vol.
Gotthelf (J.) : *Nouvelles bernoises*, traduites par M. Max Buchon. 2ᵉ édit. 1 vol.
Guizot (F.) : *Un projet de mariage royal*, étude historique. 1 vol.
Heuzé : *L'année agricole*, quatre années (1860-1863). 4 vol. dont chacun se vend séparément.
Hommaire de Hell (Mme) : *Voyage dans les steppes de la mer Caspienne et dans la Russie méridionale.* 1 vol.
Houssaye (A.) : *Histoire du quarante et unième fauteuil de l'Académie française.* 6ᵉ édition. 1 vol.
— *Le violon de Franjolé.* 6ᵉ éd. 1 vol.
— *Philosophes et comédiennes.* 3ᵉ édition. 1 vol.
— *Poésies complètes.* 4ᵉ édition. 1 vol.

Houssaye (A.) : *Voyages humoristique* 1 vol.
Hugo (Victor) : *Notre-Dame de Paris.* 2 vol.
— *Bug-Jargal*; *le dernier jour d'un condamné*; *Claude Gueux.* 1 vol.
— *Odes et ballades.* 1 vol.
— *Orientales*; *Feuilles d'automne*, *Chants du crépuscule.* 1 vol.
— *Les voix intérieures*; *Les rayons et les ombres.* 1 vol.
— *Les contemplations.* 2 vol.
— *Légende des siècles.* 1 vol.
— *Théâtre.* 4 volumes.
— *Les enfants*, livre des mères, extrait des œuvres poétiques de l'auteur. 1 vol.
Jacques : *Contes et causeries.* 1 vol.
Jouffroy (Th.) : *Cours de droit naturel.* 3ᵉ édition. 2 vol.
— *Cours d'esthétique.* 2ᵉ édition. 1 vol.
— *Mélanges philosophiques.* 3ᵉ édition. 1 vol.
— *Nouveaux mélanges philosophiques.* 2ᵉ édition. 1 vol.
Jourdan (L.) : *Contes industriels.* 1 vol.
Jurien de la Gravière (l'amiral E.) : *Souvenirs d'un amiral.* 1 vol.
La Landelle (G. de) : *Tableau de la mer* (La vie navale). 1 vol.
Lamartine (Alph. de) : *Œuvres.* 10 vol.
  Méditations poétiques. 2 vol.
  Harmonies poétiques. 1 vol.
  Recueillements poétiques. 1 vol.
  Jocelyn. 1 vol.
  La chute d'un ange. 1 vol.
  Voyage en Orient. 2 vol.
  Lectures pour tous. 1 vol.
— *Histoire des Girondins.* 6 vol.
— *Histoire de la Restauration.* 8 vol.
Lanoye (Ferd. de) : *L'Inde contemporaine.* 2ᵉ édition. 1 volume contenant une carte.
— *Le Niger et les explorations de l'Afrique centrale*, depuis Mungo-Park jusqu'au docteur Barth. 2ᵉ édit. 1 vol.
Lasteyrie (Ferd. de) : *Causeries artistiques.* 1 vol.
Laugel : *Études scientifiques.* 1 vol.

La Vallée (J.) : *Zurga le chasseur.* 1 vol.
Lecoq (Henri) : *La vie des fleurs.* 1 vol.
Lenient : *La satire en France au moyen âge.* 1 vol.
 Ouvrage couronné par l'Acad. franç.
Libert : *Histoire de la chevalerie en France.* 1 vol.
Loiseleur (J.) : *Les crimes et les peines dans l'antiquité et dans les temps modernes.* 1 vol.
Lutfullah : *Mémoires traduits de l'anglais et annotés par l'auteur de l'Inde contemporaine* (F. de Lanoye). 1 vol.
Macaulay (lord) : *OEuvres diverses*, traduites par MM. Am. Pichot, Adolphe Joanne et E. D. Forgues. 2 vol.
Marcoy (Paul) : *scènes et paysages dans les Andes.* 2 vol.
Marmier (X.) : *En Alsace : L'avare et son trésor.* 1 vol.
— *En Amérique et en Europe.* 1 vol.
— *Gazida,* fiction et réalité. 1 vol.
 Ouvrage couronné par l'Acad. franç.
— *Hélène et Suzanne.* 1 vol.
— *Les fiancés du Spitzberg.* 2e édit. 1 v.
 Ouvrage couronné par l'Acad. franç.
— *Lettres sur le Nord.* 5e édition. 1 vol.
— *Un été au bord de la Baltique et de la mer du Nord* (Danzig; Oliva; Marienbourg; la côte de Poméranie; l'île de Rugen; Hambourg; l'embouchure de l'Elbe; Helgoland). 1 vol.
Mas (D. Sinibaldo de) : *La Chine et les puissances chrétiennes.* 2 vol.
Mathews (C.) : *Légendes indiennes.* 1 vol.
Michelet : *La femme.* 2e édition. 1 vol.
— *La mer.* 3e édition. 1 vol.
— *L'amour.* 4e édition. 1 vol.
— *L'insecte.* 5e édition. 1 vol.
— *L'oiseau.* 7e édition. 1 vol.
Milne (W. C.) : *La vie réelle en Chine*, traduite de l'anglais par M. Tasset, et annotée par G. Pauthier. 2e édit. 1 vol.
Moges (le Mis de) : *Souvenirs d'une ambassade en Chine et au Japon.* 1 vol.
Molènes (Paul de) : *Les caprices d'un régulier; — les souffrances d'un houzard; — le soldat en 1709.* 1 vol.
Monnier (Marc) : *L'Italie est-elle la terre des morts?* 1 vol.
Mornand (F.) : *La vie des eaux*, contenant les bains de mer et les eaux thermales, avec des notes sur la vertu curative des eaux, par le Dr *Roubaud.* 2e édition. 1 vol.
Mortemart-Boisse (baron de) : *La vie élégante à Paris.* 2e édition. 1 vol.
Nisard (Charles) : *Curiosités de l'étimologie française.* 1 vol.
Nodier (Ch.) : *Les sept châteaux du roi de Bohême ; Les quatre talismans.* Edition illustrée. 1 vol.
Nourrisson (J. F.) : *Les Pères de l'Église latine*, leur vie, leurs écrits, leur temps. 2 vol.
Orsay (comtesse d') : *L'ombre du bonheur.* 1 vol.
Patin (Th.) : *Études sur les tragiques grecs.* 2e édition. 4 vol.
Perint (Ch.) : *Le presbytère de Plouguern,* récits bretons. 1 vol.
Perrens (F. T.) : *Jérôme Savonarole,* d'après les documents originaux et avec des pièces justificatives en grande partie inédites. 3e édition. 1 vol.
 Ouvrage couronné par l'Acad. franç.
— *Deux ans de révolution en Italie* (1848-1850). 1 vol.
Pfeiffer (Mme Ida) : *Voyage d'une femme autour du monde,* traduit de l'allemand, avec l'autorisation de l'auteur, par *W. de Suckau.* 1 vol.
— *Mon second voyage autour du monde,* traduit de l'allemand, avec l'autorisation de l'auteur, par *W. de Suckau.* 1 vol.
— *Voyage à Madagascar,* traduit de l'allemand avec l'autorisation de la famille de l'auteur, par *W. de Suckau,* et précédé d'une notice historique sur Madagascar, par Francis Riaux. 1 vol.
Quatrefages (A. de) : *Unité de l'espèce humaine.* 1 vol.
Raymond (Xavier) : *Les marines de la France et de l'Angleterre* (1815-1863) 1 vol.
Rendu (V.) : *L'intelligence des bêtes.* 1 v.
Rougebief (Eug.) : *Un fleuron de la France.* 1 vol.
Russell de Killough (le comte Henry) : *Seize mille lieues à travers l'Asie et l'Océanie.* 2 vol.
Saintine (X.-B.) : *La mythologie du Rhin.* 2e édition. 1 vol.

Saintine (X.-B.) : *Le chemin des écoliers.* 2ᵉ édition 1 vol.
— *Picciola.* 1 vol.
— *Seul !* 3ᵉ édition. 1 vol.
Sand (George) : *Elle et lui.* 2ᵉ édit. 1 v.
— *Jean de La Roche.* 1 vol.
Scudo (P.) : *Critique et littérature musicales.* 2 vol.
— *L'Année musicale*, trois années (1859-1861). 4 vol. dont chacun se vend séparément.
— *Le chevalier Sarti.* 1 vol.
Simon (Jules) : *La liberté.* 2ᵉ édit. 2 vol.
— *La liberté de conscience.* 3ᵉ édit. 1 v.
— *La religion naturelle.* 5ᵉ édit. 1 vol.
— *Le devoir.* 6ᵉ édition. 1 vol.
Ouvrage couronné par l'Acad. franç.
— *L'Ouvrière.* 4ᵉ édition. 1 vol.
Taine (H.) : *Essai sur Tite Live.* 2ᵉ édition. 1 vol.
Ouvrage couronné par l'Académie française.
— *Essais de critique et d'histoire.* 1 vol.
— *La Fontaine et ses fables.* 3ᵉ édition. 1 vol.
— *Les philosophes contemporains.* 2ᵉ édition. 1 vol.
— *Voyage aux Pyrénées.* 4ᵉ édit. 1 vol.
Texier (Edmond) : *La chronique de la guerre d'Italie.* 1 vol.
Théry : *Conseils aux mères.* 2 vol.
Ouvrage couronné par l'Acad. franç.
Töpffer (R.) : *Nouvelles genevoises.* 1 v.
— *Rosa et Gertrude.* 1 vol.
— *Le presbytère.* 1 vol.
— *Réflexions et menus propos d'un peintre genevois*, ou Essai sur le beau dans les arts. 1 vol.

Troplong : *De l'influence du christianisme sur le droit civil des Romains.* 1 vol.
Ulliac-Trémadeure (Mlle) : *La maîtresse de maison.* 2ᵉ édition. 1 vol.
Vapereau : *L'année littéraire*, cinq années (1858-1861). 5 vol. dont chacun se vend séparément.
Viardot (L.) : *Les musées d'Allemagne.* 3ᵉ édition. 1 vol.
— *Les musées d'Angleterre, de Belgique, de Hollande, de Russie.* 3ᵉ édit. 1 v.
— *Les musées d'Espagne.* 3ᵉ édit. 1 vol.
— *Les musées de France* (Paris). 2ᵉ édition. 1 vol.
— *Les musées d'Italie.* 3ᵉ édition. 1 vol.
Viennet : *Épîtres et satires.* 5ᵉ édition. 1 vol.
Vigneaux (Ern.) : *Souvenirs d'un prisonnier de guerre au Mexique* (1854-1855). 1 vol.
Vivien de Saint-Martin : *L'année géographique*, 1ʳᵉ année (1862), 1 vol.
Warren (comte Édouard de) : *L'Inde anglaise avant et après l'insurrection de 1857.* 3ᵉ édition, revue et considérablement augmentée. 2 vol.
Wey (Francis) : *Dick Moon en France*, journal d'un Anglais de Paris. 2ᵉ éd. 1 v.
Widal (Aug.) : *Études littéraires et morales sur Homère.* 1 vol.
Zeller (J.) : *Épisodes dramatiques de l'histoire d'Italie.* 1 vol.
— *L'année historique*, quatre années (1859-1862). 4 vol. dont chacun se vend séparément.

(2ᵉ SÉRIE A 3 FRANCS LE VOLUME.)

About (Ed.) : *Madelon.* 2ᵉ édition. 2 volumes.
Achard (Amédée) : *Les coups d'épée de M. de la Guerche.* 2 volumes.
Berthet (Élie) : *Les catacombes de Paris.* 2 volumes.

II. ŒUVRES DES PRINCIPAUX ÉCRIVAINS FRANÇAIS.
(1ʳᵉ SÉRIE A 2 FRANCS LE VOLUME.)

Barthélemy : *Voyage du jeune Anacharsis en Grèce dans le milieu du IVᵉ siècle avant l'ère chrétienne.* 3 vol.
Atlas pour le Voyage du jeune Anacharsis, dressé par J. D. Barbié du Bocage, revu par A. D. Barbié du Bocage. In-8. 3 fr.

Boileau : *Œuvres complètes.* 1 vol.
Bossuet : *Œuvres choisies.* 5 vol.
Corneille : *Œuvres complètes.* 5 vol.
Fénelon : *Œuvres choisies.* 4 vol.
La Fontaine : *Œuvres complètes.* 2 vol.
Marivaux : *Œuvres choisies.* 2 vol.
Molière : *Œuvres complètes.* 3 vol.

Montesquieu : *OEuvres complètes*. 2 vol.
Pascal (B.) : *OEuvres complètes*. 2 vol.
Racine (J.) : *OEuvres complètes*. 2 vol.
Rousseau (J. J.) : *OEuvres complètes*. 8 vol.
Saint-Simon (le duc de) : *Mémoires complets et authentiques* sur le siècle de Louis XIV et la Régence, collationnés sur le manuscrit original par M. Chéruel, et précédés d'une notice de M. Sainte-Beuve, de l'Académie française. 13 vol.
Sedaine : *OEuvres choisies*. 1 vol.
Voltaire : *OEuvres complètes*. 35 vol.

(2ᵉ SÉRIE A 3 FR. 50 C. LE VOLUME.)

Chateaubriand : *Le génie du Christianisme*. 1 vol.
— *Les martyrs*; — *le dernier des Abencerages*. 1 vol.
— *Atala*; — *René*; — *les Natchez*. 1 v.
Fléchier : *Mémoires sur les grands jours d'Auvergne en 1665*, annotés par M. Chéruel et précédés d'une notice par M. Sainte-Beuve. 1 vol.
Malherbe : *Poésies*. 1 vol.
Montaigne (Michel de) : *Essais*, précédés d'une lettre à M. Villemain sur l'éloge de Montaigne, par P. Christian. 1 très-fort volume.
Sévigné (Mme de) : *Lettres de Mme de Sévigné, de sa famille et de ses amis*, réimprimées pour le texte sur la nouvelle édition publiée par M. Monmerqué dans la Collection des grands écrivains de la France. Tomes I, II et III. Cette édition ne comprend pas les notes.

III. LITTÉRATURES ÉTRANGÈRES.

(A 3 FR. 50 C. LE VOLUME.)

Byron (lord) : *OEuvres complètes*, traduites de l'anglais par *Benjamin Laroche*, quatre séries :
 1ʳᵉ série : *Childe-Harold*. 1 vol.
 2ᵉ série : *Poëmes*. 1 vol.
 3ᵉ série : *Drames*. 1 vol.
 4ᵉ série : *Don Juan*. 1 vol.
Dante : *La Divine Comédie*, traduite de l'italien par *P. A. Fiorentino*. 1 vol.
Nibelungen (les). Traduction nouvelle par Émile Laveleye. 1 vol.
Ossian : Poëmes gaéliques recueillis par *Mac-Pherson*, traduits de l'anglais par *P. Christian*, et précédés de recherches sur Ossian et les Calédoniens. 1 vol.
Pouchkine : *OEuvres dramatiques*, traduites du russe par L. Viardot et I. Tourguéneff. 1 vol.

IV. BIBLIOTHÈQUE DES MEILLEURS ROMANS ÉTRANGERS.

(A 2 FR. LE VOLUME.)

Ainsworth (W. Harrison) : *Abigaïl, ou la Cour de la reine Anne*, roman historique traduit de l'anglais par M. Révoil. 1 vol.
— *Crichton*, roman traduit par M. A. Rolet. 1 vol.
— *La Tour de Londres*, roman traduit par Éd. Scheffter. 1 vol.
Anonymes : *César Borgia, ou l'Italie en 1500*, traduit de l'anglais par Éd. Scheffter. 1 vol.
— *Paul Ferroll*, traduit de l'anglais par Mme H. Loreau. 1 vol.
Anonymes : *Les pilleurs d'épaves*, traduits de l'anglais par Louis Stenio. 1 v
— *Violette*; — *Éléanor Raymond*. Imité de l'anglais par Old-Nick. 1 vol.
— *Whitefriars*, traduit de l'anglais par M. Éd. Scheffter. 1 vol.
— *Whitehall*, traduit de l'anglais, par M. Éd. Scheffter. 1 vol.
Beecher Stowe (Mrs) : *La case de l'oncle Tom*, traduit de l'anglais par Louis Énault. 1 vol.
— *La fiancée du ministre*, traduit de l'anglais par H. de l'Espine. 1 vol.

Bersezio (V.) : *Nouvelles piémontaises*, traduites avec l'autorisation de l'auteur, par Amédée Roux. 1 vol.

Bulwer Lytton (sir Edward) : *OEuvres*, traduites de l'anglais, avec l'autorisation de l'auteur, sous la direction de P. Lorain. 14 vol.

On vend séparément :
— *Devereux*, traduit par William L. Hughes. 1 vol.
— *Ernest Maltravers*, traduit par Mlle Collinet. 1 vol.
— *Le dernier des barons*, traduit par Mme Bressant. 2 vol.
— *Le désavoué*, trad. par M. Corréard. 1 vol.
— *Les derniers jours de Pompéi*, traduits par M. Hippolyte Lucas. 1 vol.
— *Mémoires de Pisistrate Caxton*, traduits par Éd. Scheffter. 1 vol.
— *Mon roman*, traduit par M. H. de l'Espine. 1 vol.
— *Paul Clifford*, traduit par M. Virgile Boileau. 1 vol.
— *Qu'en fera-t-il ?* traduit par M. Amédée Pichot. 2 vol.
— *Rienzi*, traduit sous la direction de M. Lorain. 1 vol.
— *Zanoni*, traduit par M. Sheldon. 1 vol.

Caballero (Fernan) : *Nouvelles andalouses*, traduites de l'espagnol par A. Germond de Lavigne. 1 vol.

Cervantès : *Don Quichotte*, traduit de l'espagnol par L. Viardot. 2 vol.
— *Nouvelles*, traduites par le même. 1 v.

Cummins (miss) : *L'allumeur de réverbères*, traduit de l'anglais par MM. Belin de Launay et Éd. Scheffter. 1 vol.
— *Mabel Vaughan*, traduite de l'anglais, avec l'autorisation de l'auteur, par Mme H. Loreau. 1 vol.
— *La rose du Liban*, traduite de l'anglais par M. Ch. Bernard-Derosne. 1 vol.

Currer Bell (Miss Brontë) : *Jane Eyre*, ou *les Mémoires d'une institutrice*, roman traduit de l'anglais, avec l'autorisation de l'auteur, par Mme Lesbazeilles-Souvestre. 1 vol.
— *Le professeur*, trad. avec l'autorisation de l'auteur, par Mme H. Loreau. 1 vol.
— *Shirley*, traduit par M. A. Rolet. 1 v.

Dickens (Charles) : *OEuvres*, traduites de l'anglais, avec l'autorisation de l'auteur, sous la direction de P. Lorain. 22 vol.

On vend séparément :
— *Aventures de M. Pickwick*. 2 vol.
— *Barnabé Rudge*. 2 vol.
— *Bleak-House*. 1 vol.
— *Contes de Noël*. 1 vol.
— *David Copperfield*. 2 vol.
— *Dombey et fils*. 2 vol.
— *La petite Dorrit*. 2 vol.
— *Le magasin d'antiquités*. 2 vol.
— *Les temps difficiles*. 1 vol.
— *Nicolas Nickleby*. 2 vol.
— *Olivier Twist*. 1 vol.
— *Paris et Londres en 1793*. 1 vol.
— *Vie et aventures de Martin Chuzzlewit*. 2 vol.

Disraeli : *Sybil*, traduit de l'anglais, avec l'autorisation de l'auteur, par ***. 1 vol.

Freytag (G.) : *Doit et avoir*, traduit de l'allemand, avec l'autorisation de l'auteur, par W. de Suckau. 1 vol.

Fullerton (lady) : *L'Oiseau du bon Dieu*, traduit de l'anglais par Mlle de Saint-Romain, et publié avec l'autorisation de l'auteur. 1 vol.

Fullon (S. W.) : *La comtesse de Mirandole*, roman anglais traduit par Ch. Roquette. 1 vol.

Gaskell (Mrs) : *OEuvres*, traduites de l'anglais, avec l'autorisation exclusive de l'auteur. 4 vol.

On vend séparément :
— *Autour du sofa*, traduit par Mme H. Loreau. 1 vol.
— *Marie Barton*, traduit par Mlle Morel. 1 vol.
— *Marguerite Hall*, traduit par Mmes H. Loreau et H. de l'Espine. 1 vol.
— *Ruth*, traduit par M. ***. 1 vol.

Gerstäcker : *Les pirates du Mississipi*, traduits de l'allemand par B. H. Révoil. 1 vol.
— *Les deux convicts*, traduits par B. H. Révoil. 1 vol.

Gogol (Nicolas) : *Les âmes mortes*, traduit du russe par Ernest Charrière. 1 vol.

Grant (James): *Les mousquetaires écossais*, roman anglais traduit par M. Émile Ouchard. 1 vol.

Hackländer : *Boutique et comptoir*, traduit de l'allemand, avec l'autorisation de l'auteur, par M. Materne. 1 vol.

— *Le moment du bonheur*, roman traduit par M. Materne. 1 vol.

Hauff (Wilhem) : *Nouvelles*, traduites de l'allemand par A. Materne. 1 vol.

— *Lichtenstein*, épisode de l'histoire du Wurtemberg, traduit par MM. E. et H. de Suckau. 1 vol.

Heiberg (L.) : *Nouvelles danoises*, traduites par M. X. Marmier. 1 vol.

Hildreth : *L'esclave blanc*, nouvelle peinture de l'esclavage en Amérique, trad. de l'anglais par M. Mornand. 1 vol.

Immermann : *Les paysans de Vestphalie*, traduit par M. Desfeuilles. 1 vol.

James : *Léonora d'Orco*, traduite de l'anglais, avec l'autorisation de l'auteur, par Mme de Morvan. 1 vol.

Kavanagh (Julia) : *Tuteur et pupille*, traduit de l'anglais, avec l'autorisation de l'auteur, par Mme H. Loreau. 1 vol.

Kingsley : *Il y a deux ans*, roman anglais, traduit avec l'autorisation de l'auteur, par H. de l'Espine. 1 vol.

Lennep (J. Van) : *Les aventures de Ferdinand Huyck*, traduites du hollandais, avec l'autorisation de l'auteur, par MM. Wocquier et D. Van Lennep. 1 vol.

— *Brinio*, traduit du hollandais, avec l'autorisation de l'auteur, par F. Douchez. 1 vol.

— *La rose de Dekama*, traduit du hollandais, avec l'autorisation de l'auteur, par MM. Wocquier et D. Van Lennep. 1 vol.

Lever (Ch.) : *Harry Lorrequer*, traduit de l'anglais, avec l'autorisation de l'auteur, par M. Baudéan. 2 vol.

— *L'homme du jour*, traduit de l'anglais, avec l'autorisation de l'auteur, par M. A. Baudéan. 1 vol.

Ludwig (Otto) : *Entre ciel et terre*, traduit de l'allemand, avec l'autorisation de l'auteur, par M. Materne. 1 vol.

Marvel (Isaac) : *Le rêve de la vie*, roman anglais, traduit, avec l'autorisation de l'auteur, par Mme Mezzara. 1 vol.

Mayne-Reid : *La piste de guerre*, traduite de l'anglais, avec l'autorisation de l'auteur, par V. Boileau. 1 vol.

— *La Quarteronne*, roman anglais, traduit, avec l'autorisation de l'auteur, par L. Stenio. 1 vol.

Müggo (Th.) : *Afraja*, traduit de l'allemand, avec l'autorisation de l'auteur, par W. et E. de Suckau. 1 vol.

Smith (J. F.) : *L'héritage*, traduit de l'anglais, avec l'autorisation de l'auteur, par Éd. Scheffter. 2 vol.

— *La femme et son maître*, traduit, avec l'autorisation de l'auteur, par H. de l'Espine. 2 vol.

Stephens (miss A. S.) : *Opulence et misère*, traduit de l'anglais par Mme Loreau. 1 vol.

Thackeray : *OEuvres*, traduites de l'anglais, avec l'autorisation de l'auteur. 7 vol.

On vend séparément :

— *Henry Esmond*, traduit par Léon de Wailly. 1 vol.

— *Histoire de Pendennis*, traduite par Éd. Scheffter. 2 vol.

— *La foire aux vanités*, traduite par G. Guiffrey. 2 vol.

— *Le livre des Snobs*, traduit par le même. 1 vol.

— *Mémoires de Barry Lyndon*, traduits par Léon de Wailly. 1 vol.

Tourguéneff : *Scènes de la vie russe*, traduites du russe avec l'autorisation de l'auteur, par X. Marmier et L. Viardot. 1 vol.

— *Mémoires d'un seigneur russe*, traduits par E. Charrière. 2e édition. 1 vol.

Trollope (Francis) : *La pupille*, roman anglais traduit par Mme Sara de la Fizelière. 1 vol.

Wilkie Collins : *Le secret*, roman anglais, traduit, avec l'autorisation de l'auteur, par Old-Nick. 1 vol.

Zschokke : *Addrich des Mousses*, roman allemand traduit par W. de Suckau. 1 vol.

— *Le château d'Aarau*, traduit de l'allemand par W. de Suckau. 1 vol.

V. LITTÉRATURES ANCIENNES.

(A 3 FR. 50 C. LE VOLUME.)

LITTÉRATURE GRECQUE.

Anthologie grecque, traduite sur le texte publié par Jacob, avec des notices biographiques et littéraires. 2 vol.

Aristophane : *OEuvres complètes*, traduction nouvelle, avec une introduction et des notes, par C. Poyard. 1 vol.

Hérodote : *OEuvres complètes*, traduction nouvelle avec une introduction et des notes, par M. P. Giguet. 1 vol.

Homère : *OEuvres complètes*, traduction nouvelle, suivie d'un Essai d'encyclopédie homérique, par M. P. Giguet 6e édition. 1 vol.

Lucien : *OEuvres complètes*, traduction nouvelle, suivie d'une table analytique, par M. Talbot. 2 vol.

Thucydide : *Histoire de la guerre du Peloponèse*, traduction nouvelle, avec une notice et des notes, par M. Bétant, directeur du Gymnase de Genève. 1 vol.

Xénophon : *OEuvres complètes*, traduction nouvelle, suivie d'une table analytique, par M. Talbot. 2 vol.

Des traductions d'Eschyle, d'Euripide, de Plutarque, de Sophocle et de Strabon sont sous presse ou en préparation.

LITTÉRATURE ROMAINE.

Sénèque le philosophe : *OEuvres complètes*, traduction nouvelle avec une notice et des notes, par J. Baillard, de l'Académie Stanislas. 2 vol.

Tacite : *OEuvres complètes*, traduites en français avec une introduction et des notes, par J. L. Burnouf. 1 vol.

VI. CHEFS-D'ŒUVRE DE LA PHILOSOPHIE ANCIENNE ET MODERNE

(A 3 FR. 50 C. LE VOLUME.)

Bossuet : *OEuvres philosophiques*, comprenant les Traités de la connaissance de Dieu et de soi-même, et du Libre arbitre, la Logique, et le Traité des causes, publiées par M. de Lens. 1 vol.

Descartes, Bacon, Leibnitz, recueil contenant : 1° Discours de la Méthode ; 2° Traduction nouvelle en français du *Novum organum* ; 3° Fragments de la Théodicée, avec des notes, par M. Lorquet, professeur de philosophie au lycée Saint-Louis. 1 volume.

Fénelon : *Traité de l'Existence de Dieu et Lettres sur divers sujets de métaphysique*, publiées par M. Danton, inspecteur général de l'instruction publique. 1 vol.

Nicole : *OEuvres philosophiques et morales*, comprenant un choix de ses essais et publiées avec des notes et une introduction, par M. Charles Jourdain, professeur agrégé de philosophie près les Facultés des lettres. 1 volume.

Librairie de L. HACHETTE et Cie, boulevard Saint-Germain, no 77, à Paris.

BIBLIOTHÈQUE VARIÉE, FORMAT IN-18 JÉSUS, A 3 FR. 50 C. LE VOL.

About (Edm.). La Grèce contemporaine, 1 vol. — Le salon de 1857. 1 vol. — Théâtre impossible. 1 vol.
Ackerman. Contes et poésies. 1 vol.
Anonyme. L'enfant, par Mme ***, 1 vol.
Anthologie grecque, trad. en français. 2 vol.
Aristophane. OEuvres complètes, tr. par Poyard. 1 v.
Arnould (Edm.). Sonnets et poèmes. 1 vol.
Alzue (H. de). Théâtre. 1 vol.
Arran. Histoire de la Révolution française. 1 vol.
Autain (l'abbé). La belle saison à la campagne. 1 v. — La chrétienne de nos jours. 2 vol. — Le chrétien de nos jours. 2 vol.
Ayard. Théâtre. 12 vol.
Bellemare (A.). Abd-el-Kader. 1 vol.
Belloy (de). Le Chevalier d'Aï — Légendes fleuries. 1 v.
Bontè. Phidias, drame antique. 1 vol.
Busquet. Poème des heures. 1 vol.
Byron. OEuvres complètes, trad. de Laroche. 4 vol.
Caro (E.). Études morales. 1 vol.
Castellane (de). Souvenirs de la vie militaire. 1 v.
Charpentier. Les écrivains latins de l'empire. 1 v.
Cherbuliez (V.). Le comte Costia. 1 vol.
Chevalier (M.). Le Mexique ancien et moderne. 1 v.
Dante. La Divine comédie, trad. par Fiorentino. 1 vol.
Dargaud (J.). Marie Stuart. 1 vol. — Voyage aux Alpes. 1 vol. — Voyage en Danemark. 1 vol.
Daumas (E.). Moeurs et coutumes de l'Algérie. 1 v.
Deschanel (Ém.). A pied et en wagon. 1 vol.
Deville (L.). Excursions dans l'Inde. 1 vol.
Didier (Charles). Les amours d'Italie. 1 vol. — Les nuits du Caire. 1 vol.
Enault (L.). La Terre-Sainte. 1 vol. — Constantinople et la Turquie. 1 vol. — La Norvège. 1 vol.
Ferri-Pisani. Lettres sur les États-Unis. 1 vol.
Ferry (Gabr.). Le coureur des bois. 2 vol. — Costal l'Indien. 1 vol.
Figuier (Louis). L'alchimie et les alchimistes. 1 vol. — Histoire du merveilleux. 4 vol. — Les applications nouvelles de la science. 1 vol. — L'année scientifique, 7 années (1856-1862). 7 vol.
Fléchier. Les grands jours d'Auvergne. 1 vol.
Forgues. La révolte des Cipayes. 1 vol.
Fromentin (Eug.). Dominique. 1 vol.
Gérardy-Suintine (P.). Trois ans en Judée. 1 v.
Guguet (P.). Le Livre de Job. 1 vol.
Guizot (F.). Un projet de mariage royal. 1 vol.
Hérodote. OEuvres complètes. 1 vol.
Heuzé. L'année agricole, 4 années (1860-1863). 4 v.
Homère. OEuvres complètes, trad. de Giguet. 1 vol.
Hommaire de Hell (Mme). Les steppes de la mer Caspienne. 1 vol.
Houssaye (A.). Poésies. 1 vol. — Philosophes et comédiennes. 1 vol. — Le violon de Franjole. 1 vol. — Histoire du 41e fauteuil. 1 vol. — Voyages humoristiques. 1 vol. — Théâtre. 4 vol. — Les filles d'Ève. 1 vol.
Hugo (Victor). Notre-Dame de Paris. 2 vol. — Bug-Jargal, Le dernier jour d'un condamné. 1 vol. — Odes et ballades. 1 vol. — Les voix intérieures, Les rayons et les ombres. 1 vol. — Légende des siècles. 1 vol. — Orientales, Feuilles d'automne, Chants du crépuscule. 1 vol. — Théâtre. 4 vol. — Les contemplations. 2 vol. — Le Rhin. 3 vol. — Les enfants. 1 vol.
Jouffroy. Cours de droit naturel. 2 vol. — Cours d'esthétique. 1 vol. — Mélanges. 2 vol.
Jourdan (L.). Contes industriels. 1 vol.
Jurien de la Gravière (l'amiral). Souvenirs d'un amiral. 2 vol.
La Landelle (G. de). Le tableau de la mer (la vie navale). 1 vol.
Lamartine (A. de). Méditations poétiques. 2 vol. — Harmonies poétiques. 1 vol. — Recueillements poétiques. 1 vol. — Jocelyn. 1 vol. — La chute d'un ange. 1 vol. — Voyage en Orient. 2 vol. — Les Girondins. 6 v. — Histoire de la Restauration. 8 v. — Lectures pour tous. 1 vol.
Lanoye (F. de). Le Niger. 1 vol. — L'Inde contemporaine. 1 vol.
Lasteyrie (Ferd. de). Causeries artistiques. 1 vol.
Laugel. Études scientifiques. 1 vol.
La Vallée (J.). Zorga le chasseur. 1 vol.
Lenient (C.). La satire en France. 1 vol.
Libert. Histoire de la chevalerie en France. 1 vol.
Loiseleur. Les crimes et les peines. 1 vol.

Lucien. OEuvres complètes, tr. par M. Talbot. 2 vol.
Lutfullah. Mémoires d'un mahometan. 1 vol.
Macaulay (lord). OEuvres diverses. 2 vol.
Marcoy. Scènes dans les Andes. 1 vol.
Marmier. En Alsace; L'avare et son trésor. 1 vol. — En Amérique et en Europe. 1 v. — Gazida. 1 v. — Un été au bord de la Baltique. 1 vol. — Les Fiancés du Spitzberg. 1 vol. — Lettres sur le Nord. 1 vol. — Hélène et Suzanne. 1 vol.
Mas (Sinibaldo de). La Chine et les puissances chrétiennes. 2 vol.
Michelet. L'amour. 1 vol. — La femme. 1 vol. — La mer. 1 v. — L'insecte. 1 v. — L'oiseau. 1 v.
Milne. La vie réelle en Chine. 1 vol.
Moges (le marquis de). Souvenirs d'une ambassade en Chine et au Japon. 1 vol.
Molènes (P. de). Caprices d'un régulier. 1 vol.
Monnier. L'Italie est-elle la terre des morts? 1 v.
Montaigne. Essais. 1 vol.
Mornand (F.). La vie des eaux. 1 vol.
Mortemart (baron de). La vie élégante. 1 vol.
Nisard (Ch.). Curiosités de l'étymologie française. 1 v.
Nodier (Ch.). Histoire du roi de Bohême. 1 vol.
Nourrisson. Les Pères de l'Église latine. 1 vol.
Orsny (comtesse d'). L'ombre du bonheur. 1 vol.
Ossian. Poèmes gaéliques. 1 vol.
Patin. Études sur les tragiques grecs. 4 vol.
Perint (Ch.). Le presbytère de Plouguern. 1 v. 1
Perrens (F. T.). Jérôme Savonarole. 1 vol. — Deux ans de révolution en Italie. 1 vol.
Pfeiffer (Mme Ida). Voyage d'une femme autour du monde. 1 vol. — Mon second voyage autour du monde. 1 vol. — Voyage à Madagascar. 1 vol.
Pouchkine. Poèmes dramatiques. 1 vol.
Quatrefages (de). Unité de l'espèce humaine. 1 v.
Raymond (X.). Les marines de la France et de l'Angleterre. 1 vol.
Rendu (V.). L'intelligence des bêtes. 1 vol.
Rougebief. Un fleuron de la France. 1 vol.
Russell de Killough (le comte). 16000 lieues à travers l'Asie et l'Océanie. 1 vol.
Saintine (X.-B.). Piccola. 1 vol. — Seul! 1 vol. — Le chemin des écoliers. 1 vol.
Sand (George). Elle et lui. 1 vol. — Jean de Roche. 1 vol.
Scudo. Critique et littérature musicales. 2 vol. — Le Chevalier Sarti, roman musical. 1 vol. — L'année musicale, 3 années (1859-1861). 3 vol.
Sénèque. OEuvres complètes. 2 vol.
Sévigné (Mme de). Lettres.
Simon (Jules). Le devoir. 1 vol. — La religion naturelle. 1 vol. — La liberté. 2 vol. — La liberté de conscience. 1 vol. — L'ouvrière. 1 vol.
Tacite. OEuvres complètes, trad. de Burnouf. 1 vol.
Taine. Voyage aux Pyrénées. 1 vol. — Essai sur Tite Live. 1 vol. — Essais de critique et d'histoire. 1 vol. — La Fontaine et ses fables. 1 vol. — Les philosophes français du XIXe siècle. 1 vol.
Théry. Conseils aux mères. 2 vol.
Thucydide. Guerre du Péloponèse, trad. par M. Bétant. 1 vol.
Töpffer (Rod.). Le presbytère. 1 vol. — Nouvelles genevoises. 1 vol. — Rosa et Gertrude. 1 vol. — Réflexions et menus propos. 1 vol.
Troplong. Influence du christianisme. 1 vol.
Ulliac-Trémadeure (Mlle). La maîtresse de maison. 1 vol.
Vapereau (Gust.). L'année littéraire, 5 années (1858-1862). 5 vol.
Viardot (L.). Les musées d'Allemagne. 1 vol. — Les musées d'Angleterre, de Belgique, etc. 1 vol. — Les musées d'Espagne. 1 vol. — Les musées de France. 1 vol. — Les musées d'Italie. 1 vol.
Viennet. Épîtres et satires. 1 vol.
Vigneaux. Souvenirs d'un prisonnier de guerre au Mexique. 1 vol.
Vivien de S.-Martin. L'année géogr. (1862). 1 v.
Warren (le comte de). L'Inde anglaise. 2 vol.
Wey (Francis). Dick Moon en France. 1 vol.
Widal (Aug.). Études sur Homère. 1 vol.
Xénophon. OEuvres complètes. 2 vol.
Zeller. Épisodes dramat. de l'hist. d'Italie. 1 v. — L'année historique, 4 années (1859-1862). 4 vol.

www.ingramcontent.com/pod-product-compliance
Lightning Source LLC
Chambersburg PA
CBHW060049190426
43201CB00034B/521